계약해지·해제, 증거보존 등 내용증명서 작성방법, 보내는 법

의사표시 내용증명서 작성방법

편저 : 대한법률콘텐츠연구회

(콘텐츠 제공)

해설 · 최신서식

법문북스

머 리 말

　내용증명서는 발송인이 수취인에게 발송인의 요구사항 등이 적힌 내용의 문서를 수취인에게 발송하였다는 사실을 발송인이 작성한 등본에 의하여 공적기관인 우체국에서 증명하는 문서입니다. 내용증명서는 분쟁발생 시 발송인이 수취인에게 어떤 내용의 문서를 보냈다는 증명력을 갖는 공신력 있는 문서로 서면의 내용을 정확히 전달함은 물론이고 수취인에게 내용의 문서를 보낸 사실에 대한 증거로 활용됩니다.

　수취인에게 발송인의 권익보호를 위한 최선의 노력을 다한 사실을 입증할 수 있는 문서이므로 채권 또는 채무관계에 관한 증거보전이나 채무변제를 독촉하기 위한 압박수단으로 널리 사용되고 있습니다. 한편 수취인에게 이행을 최고하는 내용증명을 보내는 것은 앞으로 있을지도 모르는 소송의 전 단계로서 일정기간 내에 변제를 하지 않는 경우 변제의 이행을 촉구하고 의무이행 자는 이행지체 등의 효력이 발생합니다.

　실무에서는 발송인이 수취인에게 내용증명서를 발송하는 목적은 증거보전의 필요와 상대방(수취인)에게 심리적 압박감을 주고 그 이행을 실현하게 하는 어떠한 사실 말하자면 계약의 취소, 계약의 해지, 계약의 해제 등을 정확하게 알리는 그 목적도 있습니다.

　내용증명서는 발송인이 수취인에게 어떠한 내용의 문서를 언제(연월일) 발송하였다는 사실을 우체국이라는 공적기관에서 확정일자(내용증명을 발송한 날짜)를 증명하는 특수취급우편 제도입니다. 내용증명서에는 분쟁발생 시 수취인에게 어떠한 내용을 발송인이 보냈다는 증명력을 갖는 공신력 있는 문서로 서면에 대한 내용의 정확한 전달은 물론 그 내용의 문서를 수취인에게 보낸 사실에 대한 증거로 활용됩니다. 내용증명서는 상대방에게 자신의 권익보호를 위해 최선의 노력을 한 사실을 입증할 수 있는 문서로 주로 상호간의 권리의무에 관한 증거보전이나 채무자에게 채무변제를 독촉하기 위한 수단으로 사용되고 있습니다.

　내용증명서는 발송인이 수취인에게 꼭 전달하여야 할 사항을 구두(말)로 할 경우 그런 일이 없다고 하거나 엉뚱한 주장을 할 수가 있기 때문에 이행을 최고하는 최고 장을 내용증명으로 보내는 것은 소송의 전 단계로서 일정기간(채권자가 날짜를 지정한 기간) 내에 변제를 하지 않을 경우 가차 없이 법적조치를 취하겠다는 취지로 변제를 촉구하는데 많이 내용증명을 사용하고 있습니다.

발송인이 수취인에게 어떤 '내용' 의 문서를 언제 보냈는지 '증명' 하는 제도이므로 많은 분들이 내용증명서를 활용하고 있습니다. 특히 민사 소송에선 법적으로 중요한 의사표시를 정해진 시한 내에 '전달' 하는 것이 무엇보다 '중요' 하기 때문입니다. 그런데 구두(말)로만 발송인의 의사를 전달하게 되면, 추후에 분쟁이 발생했을 때 "그때, 이렇게 말했잖아" 또는 '그런 말을 하지 않았다.' 라는 사실을 입증하기가 그렇게 쉽지만은 않습니다. 그럴 때 '내용증명서' 를 통해 발송인이 수취인에게 어떤 내용을, 어느 시점에 전달했는지 공적으로 증명할 수 있는 내용증명서를 활용하면 엄청 큰 도움이 될 것입니다.

말(구두)로 의사표시를 전달할 경우에는 언제든지 수취인이 엉뚱한 말을 할 수 있기 때문에 의사를 간편하면서도 확실하게 수취인에게 전달하는 방법에는 내용증명만한 것이 없습니다.

다만, 내용증명을 활용하려면 한 가지 유의해야할 것이 있습니다.

내용증명은 어디까지나 내용의 문서를 보냈다는 사실을 증명하는 개념으로서 해당 문서에 적힌 내용의 진위까지 입증하는 제도는 절대 아닙니다. 흔히 "내용증명 자체는 법적 효력이 없다." 라고 하는 말이 나오는 이유도 여기에 있습니다. 비록 내용증명을 발송하였다고 하더라도 갈등의 '끝' 은 아니겠지만 문제를 해결할 실마리 역할을 하는데 중요한 증거자료는 됩니다.

내용증명의 경우에는 법적으로 반드시 답변서를 보내야할 의무가 규정되어 있진 않습니다. 다만 나중에 혹시 분쟁이 발생했을 때를 대비해서라도 간단하게 어떤 의사를 밝히는데엔 많은 도움이 됩니다. 내용증명을 받아봤을 때 그 내용이 허무맹랑하다든지 사실과 전혀 다르다면 그것에 대해 대응할 필요는 분명히 있습니다.

그 이유는 누구든지 내용증명을 발송하는 사람은 대부분 자신에게 유리한 증거로 만들 수 있기 때문에 특별히 어떤 의사소통을 하시거나 예를 들어 계약을 해지하시거나 해제하는 경우에는 내용증명을 이용하시는 게 나중에 있을지도 모르는 소송을 진행하실 때 훨씬 더 유리하게 작용하실 수 있습니다.

내용증명서를 읽어보시고 발송인의 주장이 사실과 매우 다르거나 법적으로 다퉈볼 필요가 있겠다 싶으면 우선 간략하게라도 내용증명에 대한 답변을 보내시는 게 좋습니다. 내용증명 자체에는 법적 강제력이 있다거나 어떤 효력이 바로 발생하는 것은 아니겠지만 내용증명에 대한 내용을 전혀 답변을 하지 않았을 경우 발신인이 나중에 수취인(상대방)이 자신의 주장을 그대로 인정한 것으로 오해할 수 있고 나중에 있을지도 모르는 소송으로 전개가 됐을 때 발송인이 내용증명을 증거로 활용을 할 수도 있기 때문에 내용증명의 내용에 따라서 적절한 대응을 하는 것이 필요할 수도 있습니다.

속담에 말만 잘하면 어려운 일이나 불가능해 보이는 일도 잘 해결할 수 있다는 말과 아는 길도 물어보고 길을 가라는 뜻은 말 한마디에 천 냥 빚도 갚는다는 것처럼 사실관계를 마음속에 넣어두지 말고 모두 후일 있을지도 모르는 소송을 대비하여 내용증명서를 통하여 하고 싶은 말을 읽는 사람에게 기분 좋게 작성해 내시면 반드시 목적을 달성할 수도 있고 좋은 결과도 얻을 수 있습니다.

본 도서에는 의사표시를 전달하기 위해서 내용증명을 어떻게 구성하고 작성해야 하는지 꼭 전달하여야 할 내용의 문서를 어떤 형태로 써야하는지 주로 그 기재방식을 다루고, 내용증명서식 마다 예시를 정리하였으므로 앞으로 있을지도 모르는 소송에서도 부딪치는 부분을 세밀하게 해결하는 방법을 누구나 내용증명서에 모두 반영할 수 있도록 하면서 특히 혼자서도 누구나 쉽게 내용증명서를 작성할 수 있도록 도움을 드리고자 실무에 적합하게 많은 사례를 위주로 다루었습니다.

절대 중요한 내용에 대해서는 구두(말)로 하지 마시고 반드시 근거를 남기기 위해서라도 내용증명서를 작성해 발송하면 후일 있을지도 모르는 분쟁을 해결하는데 매우 중요한 역할을 합니다.

본서를 접한 모든 분들은 누구든지 내용증명서를 잘 작성해 보내시고 분쟁에서 유리하게 이끌어내 해결하시고 늘 웃으시면서 건강하시기 바랍니다.

대단히 감사합니다.

편저자

차 례

본 문

최 신 서 식

본문

제1장 내용증명서

　내용증명서는 발송인이 수취인에게 발송인의 요구사항 등이 적힌 내용의 문서를 수취인에게 발송하였다는 사실을 발송인이 작성한 등본에 의하여 우체국에서 공적으로 증명할 수 있는 문서입니다. 내용증명서는 분쟁발생 시 발송인이 수취인에게 어떤 내용의 문서를 보냈다는 증명력을 갖는 공신력 있는 문서로 서면내용의 정확한 전달은 물론이고 수취인에게 내용의 문서를 보낸 사실에 대한 증거로 활용됩니다.

　수취인에게 발송인이 발송인의 권익보호를 위한 최선의 노력을 다한 사실을 입증할 수 있는 문서로 이는 채권, 채무관계의 증거보전이나 또는 채무변제를 독촉하기 위한 압박수단으로 사용되고 있습니다. 한편 수취인에게 이행의 최고하는 내용증명을 보내는 것은 소송의 전 단계로서 일정기간 내에 변제를 하지 않는 경우 변제를 촉구하고 의무이행자는 이행지체 등의 효력이 발생합니다.

　실무에서는 발송인이 수취인에게 내용증명서를 발송하는 목적은 증거보전의 필요와 상대방(수취인)에게 심리적 압박감을 주고 그 이행을 실현하게 하는 어떠한 사실 즉, 계약의 취소, 계약의 해지, 계약의 해지 등을 정확하게 알리는 그 목적이 있습니다.

　내용증명서는 발송인이 수취인에게 어떠한 내용의 문서를 언제(년월일) 발송하였다는 사실을 우체국이라는 공적기관에서 확정일자를 증명하는 특수취급우편제도를 말합니다. 내용증명서에는 분쟁발생 시 수취인에게 어떠한 내용을 보냈다는 증명력을 갖는 공신력 있는 문서로 서면에 대한 내용의 정확한 전달은 물론 보낸 사실에 대한 증거로 활용됩니다. 내용증명서는 상대방에게 자신의 권익보호를 위해 최선의 노력을 한 사실을 입증할 수 있는 문서로 주로 상호간에 채권이나 채무관계의 증거보전이나 채무자에게 채무변제를 독촉하기 위한 수단으로 널리 사용되고 있습니다.

예를 들어 상대방에게 최고 장을 내용증명으로 보내는 것은 소송의 전 단계로서 일정기간(채권자가 지정한 기간) 내에 변제를 하지 않을 경우 가차 없이 법적조치를 취하겠다는 취지로 변제를 촉구하고 채무자는 이행지체의 효력이 발생합니다. 말 그대로 누군가 상대방에게 어떤 '내용' 의 문서를 언제 보냈는지 '증명' 하는 제도를 말합니다. 특히 민사 소송에선 법적으로 중요한 의사표시를 정해진 시한 내에 '전달' 하는 것이 무엇보다 '중요' 합니다. 그런데 구두(말)로만 의사를 전달하게 되면, 추후에 분쟁이 발생했을 때 "그때, 이렇게 말했잖아" 또는 '그런 말을 하지 않았다.' 라는 사실을 입증하기가 쉽지만 않습니다. 그럴 때 '내용증명' 을 통해서 발송인이 수취인에게 어떤 내용을, 어느 시점에 전달했는지 공적으로 증명할 수 있는 내용증명서를 활용하면 큰 도움이 될 것입니다.

말(구두)로 의사표시를 전달할 경우 언제든지 상대방이 엉뚱한 말을 할 수 있기 때문에 의사를 간편하면서도 확실하게 상대방에게 전달하는 방법에는 내용증명만한 것이 없다고 하겠습니다.

다만, 한 가지 유의해야할 것이 있습니다.

내용증명은 어디까지나 내용의 문서를 보냈다는 사실을 증명하는 개념으로서 해당 문서에 적힌 내용의 진위까지 입증하는 제도는 아닙니다. 흔히 "내용증명 자체는 법적 효력이 없다." 라고 하는 말이 나오는 이유도 여기에 있습니다. 비록 내용증명을 발송하였다고 하더라도 갈등의 '끝' 은 아니지만 문제를 해결할 실마리 역할을 하는데 중요한 증거자료는 됩니다.

내용증명의 경우 법적으로 반드시 답변서를 보내야할 의무가 규정되어 있진 않습니다. 다만 나중에 혹시 분쟁이 발생했을 때를 대비해서 간단하게 어떤 의사를 밝히는 데엔 도움이 됩니다. 내용증명을 봤을 때 내용이 허무맹랑하다든지 사실과 전혀 다르다면 그것에 대해서 대응할 필요는 분명히 있습니다. 누구든지 내용증명을 발송할 때는 자신에게 유리한 증거로 만들 수 있기 때문에 특별히 어떤 의사소

통을 하시거나 예를 들면 계약을 해지하시거나 이런 경우에는 내용증명을 이용하시는 게 나중에 소송을 진행하실 때 훨씬 더 유리하게 작용하실 수 있습니다.

내용증명을 읽어보시고 발신인의 주장이 사실과 매우 다르거나 법적으로 다퉈볼 필요가 있겠다 싶으면 우선 간략하게라도 내용증명에 대한 답변을 보내시는 게 좋습니다. 내용증명 자체에는 법적 강제력이 있다거나 어떤 효력이 바로 발생하는 것은 아니지만 내용증명에 대한 내용을 전혀 답변을 하지 않았을 경우 발신인이 나중에 상대방이 자신의 주장을 인정한 것으로 오해할 수 있고 나중에 소송으로 전개가 됐을 때 상대방에서 이를 증거로 활용을 할 수도 있기 때문에 내용증명의 내용에 따라서 적절한 대응을 하는 것이 필요할 수도 있습니다.

예컨대 어떤 손해가 발생하고 있다는 내용이라면 현재까지 발생한 손해뿐만 아니라 가까운 미래 예상되는 손해까지 적어주시면 좋습니다. 대여금에 대한 변제를 촉구하는 내용이라고 한다면 빌려준 금액과 갚아야 될 이자, 변제기한 언제까지 갚아달라고 적어주는 것이 더 좋습니다. 문제점이 해결되지 않을 경우에는 향후 가차 없이 법적조치를 취하겠다는 취지와 이후 내가 어떻게 대응하겠다는 것까지 간략하게 언급해주시면 아주 좋습니다.

제1절 증거보전

　　내용증명서 그 자체로는 직접적인 법률적 효력은 발생되지 않으나, 어떠한 내용에 대하여 예를 들어 발송인이 수취인에게 어떤 이행을 독촉한 사실을 증거로 확보할 필요가 있는 경우나 어떤 채권이 소멸시효가 완성되기 전에 그 시효를 중단시킬 필요가 있는데 시효를 중단시키기 위해서 내용증명으로 이행을 최고한 후 6개월 이내에 소송을 제기하면 그 시효의 중단효과가 발생하기 때문에 그 이행을 최고한 사실을 증명할 수 있는 방법이 바로 확정일자(내용증명을 발송한 날짜)가 있는 내용증명으로 발송하는 방법입니다.

　　내용증명을 발송하였다는 것만을 가지고서는 법률상 어떤 특별한 효력을 발생한다고 볼 수는 없습니다. 다만 어떠한 내용의 독촉이 있었다는 그 사실을 증거로 확보할 필요가 있을 때 앞으로 있을지도 모르는 분쟁을 대비하여 그 사실에 대한 증거가 남는 것입니다.

　　내용증명은 증거보전이라는 법적 도구는 귀중한 자료를 보호하는 데 핵심적인 역할을 합니다. 발송인의 권리를 보호하는 데에 필수적입니다. 후일 있을지도 모르는 법적 문제를 처리하는 데 어떻게 말로 하는 것보다 내용증명을 발송하고 그 근거를 확보하여야 합니다.

　　증거가 확고하면 진실은 반드시 드러나기 때문입니다.

　　어떤 분쟁이 발생하면 증거는 진실을 밝히는 데 필수적입니다.

　　증거를 사전에 보존해 두지 않으면 그 증거는 불실되거나 변조가 될 수도 있기 때문에 피해를 볼 수 있으므로 유리한 증거를 확보해 두려고 내용증명을 도구로 사용하는 것입니다. 내용증명은 증거를 보존하는 공식적인 수단입니다. 발송인이 수취인에게 중요한 증거가 될 수 있는 증거를 내용증명으로 발송해 두면 그 증거의 사실을 법적으로 문제가 생기면 입증할 수가 있습니다.

법적으로 어떤 분쟁이 생기면 증거를 법적인 수준에서 확보하는 강력한 도구가 바로 내용증명입니다. 수취인에게 어떤 내용의 문서를 발송해 두고 증거의 내용과 존재를 확실히 인정하게 하는 역할을 할 수 있습니다. 발송인이 수취인에게 어떤 내용의 의사표시를 내용증명으로 발송한 증거는 후일 법적으로 분쟁이 발생한 경우 법정에서 중요한 증거로 인정될 수 있습니다.

수취인이 엉뚱한 주장을 하고 거짓말을 할 가능성을 최소화하거나 아예 차단할 수도 있습니다. 시간이 오래될수록 증거를 잃을 수도 있습니다. 시간이 지나면 증거가 손실되거나 변경될 수 있으므로 내용증명을 발송하여 그러한 위험을 최소화할 수 있습니다.

내용증명을 통하여 내용의 문서를 발송하면 내용의 문서를 공적기관인 우체국으로 하여금 인증을 받는 것이므로 이것은 법적 근거가 됩니다. 내용증명을 통해 중요한 사항을 공식적으로 기록하여 내용의 문서를 발송해 두면 분쟁 시 중요한 증거로 활용할 수 있습니다. 증거를 확보하기 위해서는 내용증명을 활용하면 증거보전에 빛나는 가치가 되어 입증이 용이합니다.

일정한 내용의 의사표시를 통지하고자 하는 때는 반드시 내용증명을 통하여 증거로 근거를 남기는 것이 좋습니다. 말로하면 손해를 보는 일이 생길 수도 있습니다. 중요한 증거일수록 내용증명으로 확실하게 해 두는 것이 더 좋습니다.

내용증명서는 의사표시를 명확히 기록하고 증명할 필요가 있는 상황에서 중요한 역할을 합니다. 법적 요구사항을 정확히 이해하고 앞으로 있을지도 모르는 법적 문서가 가지는 법적 효력을 얼마만큼 발휘할 수 있는가는 증거보전의 목적을 가지고 내용증명을 잘 써서 발송하는지에 달려있습니다.

제2절 심리적 압박

상대방(수취인)이 변제기일이 지나도록 변제하지 않거나 차일피일 지체하며 이행을 하지 않을 때에는 발송인이 수취인에게 내용증명을 송달받은 날로부터 7일 이내에 발송인의 입금계좌로 송금하여 변제하지 않을 경우 가차 없이 법적조치를 취하겠다는 심리적 압박감을 주어 수취인으로 하여금 그 채무 등의 이행을 실현하고자 하는 때에 내용증명을 발송하고 있습니다.

주택 가격이 떨어지게 된 요즈음 상황에서는 전세까지 덩달아 떨어지게 되어 임차인에게 보증금을 반환해 주지 못하는 경우가 많이 발생하고 있습니다. 세입자 입장에서는 맡겨주었던 보증금을 받지 못한다면 다른 곳으로 이사를 가지도 못하는 상황일 수밖에 없습니다. 집주인이 의도적으로 전화를 받지 않거나 고의적으로 아예 잠적해 버린 상태라면 세입자로서는 더더욱 막막할 것입니다. 그러나 집주인이 연락이 되지 않는다고 해서 무조건 소송부터 들어가기 보다는 우선 내용증명으로 계약을 해지 통보하고 전세보증금을 반환하라고 보내는 것이 좋습니다.

내용증명서에는 앞으로 있을 소송에 대비하여 전세보증금반환에 따른 전문적인 내용을 담아 내용증명을 보내는 것이 바람직합니다. 이렇게 내용증명을 통하여 집주인에게 심리적으로 압박을 가하면 맡겨두었던 전세보증금을 반환해 달라고 정당하게 요구하는 방법을 활용해야 합니다. 내용증명은 법적으로 효력이 생기지는 않지만 앞으로 있을지도 모르는 전세보증금반환 청구소송을 제기할 수도 있기 때문에 그 소송에서 내용증명으로 계약을 이미 해지한 사실을 증거자료로 적극 활용할 수도 있고 임대인을 심리적으로 압박을 가하여 비교적 간단하게 전세보증금을 되돌려 받을 가능성은 있으므로 첫 단계에서부터 내용증명을 발송하고 심리적으로 압박을 가하는 것이 더 효과적일 수 있습니다.

내용증명을 송달받은 임대인으로서는 전세보증금을 반환하지 않고 이대로 방치하고 버티다가는 더 큰 손해를 보게 되고 그 많은 소송비용까지 고스란히 물어줘야 한다는 압박을 받을 수 있도록 내용증명을 보냄으로써 보증금을 바로 되돌려 받은 분들도 꽤

장히 많습니다. 전세보증금반환에 따른 내용증명은 임차인이 본격적인 소송절차에 들어가기 전에 임대인에게 최후의 통첩을 하는 것이라 생각하고 내용증명을 발송하고 심리적으로 압박을 가하는 수단으로 먼저 활용하는 것이 좋습니다.

금전거래는 특히 중요하면서도 민감한 부분이 바로 변제라고 할 수 있습니다. 급하게 쓸 일이 있다고 해서 돈을 빌려준 것인데 갚기로 한 날짜가 훨씬 지나도록 돈을 갚지 않고 있으면서 채무자가 돈을 물 쓰듯 하는 것을 보면 누구든지 울화통이 터질 것입니다. 이러한 행동을 하는 채무자에게는 말로 해서는 절대로 안 됩니다. 당장 내용증명을 발송하고 내용증명을 송달받은 날부터 7일 이내에 채권자의 아래의 계좌로 입금하여 빌린 돈을 갚지 않으면 가차 없이 채무자가 부담해야 하는 소송비용으로 강력한 법적조치를 취하겠다고 내용증명을 보내고 심리적으로 압박을 가하면 아마 당장 돈을 갚겠다고 할 수 있습니다.

돈을 갚지 않고 있는 채무자에게는 채권자가 보내는 내용증명은 심리적으로 압박감을 받을 수밖에 없습니다. 어차피 갚아야 할 돈인데 막대한 소송비용까지 부담해야 처지에서 채권자가 가차 없이 법적절차를 취하겠다는 채권자의 최후통첩은 채무자에게 어마어마한 큰 부담으로 작용하여 심리적 압박감을 주게 되어 자발적으로 변제하도록 할 수 있습니다.

제3절 계약의 해지, 해제

계약의 일방 당사자 중 불이행으로 그 계약을 해제하고자 할 때 또는 무능력, 사기 또는 강박 등으로 인한 그 계약을 취소하고자 할 때는 후일의 분쟁을 방지하기 위해서는 그 증거를 보다 확실히 남길 필요가 있으므로 반드시 내용증명으로 통보하여 그 증거를 확보하는 것이 좋습니다.

예를 들어 임차인이 현재 살고 있는 빌라에 대한 임대차계약기간이 만료되기 전에 우연히 커피숍에서 임대인을 만나 구두로 임대차계약을 해지했는데 임대인이 그때는 가만히 있다가 임대차보증금을 반환하지 않아 임차인이 임대인을 상대로 임대차보증금반환청구소송을 제기하자 임대인이 답변서를 통하여 임차인이 임대차계약 해지한 사실이 없다고 주장하는 것을 내용증명서를 통하여 계약해지의 의사표시를 하고 임대인에게 송달하여 두면 임대인이 사실과 다른 억지주장을 막을 수도 있고 예방할 수 있으므로 내용증명을 발송하는 것입니다.

계약을 해지, 해제하려면 상당한 기간을 정하여 최고한 후에 하도록 법이 요구하는 경우 이를 명확히 하기위해 최고를 내용증명으로 확실히 하여 분쟁의 소지를 미연에 방지할 수 있습니다. 변제나 면제 등과 같이 그 사실의 존재만으로 법률효과가 생기는 경우는 사실의 진술로 족하나, 계약의 취소나 해지, 해제와 같이 그 권리의 존재뿐 아니라 이를 행사할 것까지 요구되는 경우에는 권리의 발생요건 사실은 물론 이를 행사한 사실 및 의사표시(내용증명)의 도달사실까지 분쟁이 발생하면 주장하고 입증하여야 하므로 내용증명으로 발송하고 수취인에게 도달한 사실에 대한 증거를 확보하여야 합니다.

계약의 해지나 해제 또는 취소의 내용증명을 발송인이 수취인에게 발송하였으나 수취인이 내용증명을 송달받았음에도 일정한 최고기간까지 어떠한 답변도 없을 경우에는 계약을 파기함과 동시에 법적절차를 취할 수 있습니다.

주택임대차보호법 제6조 제3항에 따르면, ①임차인이 2기의 차임액에 해당하는 금액에 이르도록 연체한 사실이 있는 경우 ②임차인이 거짓이나 그 밖의 부정한 방법으로 임차한 경우 ③서로 합의하여 임대인이 임차인에게 상당한 보상을 제공한 경우 ④임차인이 임차한 주택의 전부 또는 일부를 고의나 중대한 과실로 파손한 경우 ⑤임차한 주택의 전부 또는 일부가 멸실되어 임대차의 목적을 달성하지 못할 경우 ⑥임대인이 목적 주택의 전부 또는 대부분을 철거하거나 재건축하기 위하여 목적 주택의 점유를 회복할 필요가 있는 경우 ⑦임대인이 목적 주택에 실제 거주하려는 경우에 하나라도 해당되면 묵시의 갱신이 인정되지 않기 때문에 임대차는 기간의 만료로 종료됩니다.

1. 임대인의 계약 중도해지

임대인이 계약 중도해지를 요구할 수 있는 경우에는 첫째, 월세가 연체된 경우입니다. 주택임대차보호법에 따르면 임대차 계약은 임차인이 2회 이상 연속해 연체할 경우 건물 주인은 계약해지를 통보하고 건물을 비워달라는 명도소송을 제기할 수 있습니다.

해지권의 발생기준은 단지 차임의 연체 횟수가 아니라 그 차임의 액수가 기준이 됩니다. 차임지급일을 어겨 연체되어 차임을 지급했더라도 해지통보하려는 시점에서 차임이 완납된 상태라면 해지할 수 없습니다.

둘째, 불법 전대차계약을 진행한 경우 임대인이 계약 중도해지를 요구할 수 있습니다. 전대차 계약은 임차인이 자신의 임차물을 제3자에게 임대하는 계약을 말합니다. 민법은 임대인의 동의가 있는 경우에만 전대차를 허용합니다. 임대인의 동의 없이 임차물을 전대한 경우에는 임대인이 임대차 계약을 해지할 수 있습니다.

셋째, 동의 없이 임대주택을 개조한 경우에도 임차인의 귀책사유에 해당됩니다. 임대인의 동의 없이 원래의 용도가 아닌 다른 용도로 임대주택을 사용할 경우, 임대인이 임대차 계약을 해지할 수 있습니다.

2. 임차인이 임대차 계약을 중도해지

임차인이 임대차 계약을 해지할 수 있는 경우에는 ①계약 기간을 정하지 않은 경우 ②임대인의 지위가 양도된 경우 ③중도 해지에 관한 특약을 설정한 경우 ④임대인이 임차인의 의사에 반해 보존행위를 해 임차인이 임차 목적달성을 할 수 없는 경우 ⑤임차주택 일부가 임차인의 과실 없이 멸실 등으로 임차 목적 달성을 할 수 없는 경우입니다.

임대차 계약이 끝났는데도 임차인의 보증금을 돌려주지 않는 경우가 가장 많습니다. 임대인의 변명으로는 다음에 들어오는 세입자한테 전세 놓고 빼야 보증금을 줄 수 있다는데 어떤 경우에는 임차보증금이나 월세를 더 높여서 내놓게 되거나 집에 하자가 있는데 수리를 해주지 않고 세가 빠지지 않는 상황만 되어 임차인은 계속 기다릴 수밖에 없는 상황에서 이러한 경우에는 임대차 계약 해지 문제에 대해 너무 소극적으로 대처하시면 안 됩니다. 당장 임차권 해지 내용증명을 보내서 정확하게 임대차계약의 해지의사를 밝히셔야 합니다.

전세보증금을 돌려받아야 하는데 집주인이 원만하게 보증금을 돌려주지 않고 있다면 세입자는 불안해 할 수밖에 없습니다. 따라서 두리뭉실하게 넘기지 마시고 세입자 입장에서는 보다 명확한 의사표현을 내용증명으로 통고할 필요가 있습니다.

 물론 구두(말)로 소멸 통고하거나 문자메시지 등으로 계약 해지하는 것도 증거를 남길 수 있어서 대처할 수 있는 방법 중 하나입니다 미리 임대차 종료 전에 핸드폰 통화로 언제 시점에 집을 빼겠다. 다른데 입주하게 되었다. 등 정확하게 구두(말)로도 임대차 해지 소멸 통고하시고 핸드폰 통화의 녹음은 반드시 하고 그 파일을 관리하셔야 합니다. 세상일은 대화로 다 풀릴 수는 있겠지만 안 그런 케이스도 전세보증금 반환문제에서는 굉장히 많습니다. 내 보증금 돌려주지 않을 때 임차인이 할 수 있는 건 추후에 임차권등기명령을 받아 두고 판결을 받아 그 집을 경매 신청하는 것입니다 임차권등기명령 비용도 얼마 되지 않고 절차도 그렇게 복잡하지 않고 어렵지 않습니다.

만일 급한 상황에서 전세보증금을 돌려받지 않고 급하게 그냥 이사 가야 하는 상황이라면 대항력이 사라지기 때문에 반드시 임차권등기명령은 꼭 해놔야 내 보증금 돌려받을 수 있습니다. 임대차계약의 해지통고는 내용증명을 3통 작성하여 가까운 우체국에서 내용증명우편으로 보내는 게 좋습니다. 내용증명만으로도 집주인에게 심리적 압박을 줄 수도 있습니다. 그래도 배짱을 부리고 시간만 끌면 임차권등기명령을 하게 되면 보증금을 어디서 빌려서라도 돌려줄 수 있을 겁니다. 그래도 안 주면 경매신청해서 보증금을 반환받을 수밖에 없습니다.

임대차계약의 해지통고 내용증명은 특별한 서식이나 양식은 없으나 임대차계약의 해지통고는 꼭 기재되어야 할 세 가지가 있습니다. 받는 사람 보내는 사람 그리고 전달하고자 하는 내용 이 세 가지만 정확하게 들어 있으면 됩니다. 먼저 임대인 수신인의 성명과 인적 사항 및 주소를 기재하시고 그리고 임차인의 성명과 인적사항 주소를 기재하시면 됩니다.

계약내용에는 임차목적물의 소재지 보증금과 월세 임대차기간을 넣습니다. 마지막에는 임대차 계약 연장 의사가 없음을 분명히 밝히는 내용과 보증금을 반환 동시에 임대차 목적물을 반환해줄 것을 약속하는 내용을 기재하시면 됩니다. 그 아래로 내용증명을 작성한 날짜와 별지로 임대차 계약서 사본을 첨부하면 됩니다.

임대차계약 해지통고 내용증명은 총 3부을 준비하고 수취인에게 발송할 편지봉투를 작성해 가까운 우체국에서 내용증명우편으로 발송하시면 됩니다. 참고로 배달증명으로 발송을 해 달라고 요청을 하고 정확하게 임대차 해지에 대한 법적 효력 상태를 임차인이 다 만들어 놓은 것입니다.

문자나 전화로 해서 해결될 문제였다면 문제가 생기지도 않습니다. 예를 들어 임대차계약 후 임차인이 전화를 받지 않고 내용증명을 보내도 송달이 되지 않는 경우 임대차계약의 종료가 어려운 일이 생길 수가 있습니다. 계약해지의 통지를 하지 않아 시간이 흘러버려 묵시적 갱신이 되어버리는 일은 없어야 합니다.

내용증명을 통하여 현재의 상황을 객관적으로 어떤 사유로 임대차계약을 해지를 원하는지 혹은 임대차계약만료일이 언제였는지를 적절한 증거와 함께 내용증명서에 첨부하여 내용증명으로 해지통고를 하여야 합니다.

3. 해지

계약해지는 계속적 채권관계에서 계약의 효력을 장래에 대하여 소멸케 하는 일방적 행위를 말합니다. 계약의 해지와 해제가 구별되는 근본적인 차이점은 그 효과에 있습니다. 즉 계약의 효력을 소급적으로 소멸시키는 해제에 반해, 해지는 오직 장래에 대하여 효력을 발생하므로 해지가 있으면 계약에 기한 법률관계는 해지의 효력이 발생하기 이전에서는 완전히 그 효력을 보유하고 이미 행하여진 급부는 반환당하지 않습니다. 그러나 채무자가 채무 내용에 좇은 이행을 하기 전에는 해제를 할 수 있습니다. 해지권은 발생 원인에 따라 약정해지권과 법정해지권으로 나눌 수 있습니다.

가. 약정해지권

당사자 간의 특약에 의한 해지권을 약정해지권이라고 합니다. 계약 해지 사유들은 아래와 같습니다.

1. 감독기관 등으로부터 영업취소, 정지 등의 처분을 받은 경우
2. 파산, 회생절차 신청이 있는 경우
3. 금융기관의 거래정지처분을 받은 경우
4. 영업의 폐지 또는 청산절차에 들어간 경우
5. 제3자에 의한 강제집행(가압류, 가처분 포함)을 받거나 경매개시결정, 체납 처분을 받은 때
6. 정부의 명령, 법원의 판결 또는 법령상 제한으로 위탁관계 유지가 곤란하게 된 때 등이 이에 해당합니다.

나. 법정해지권

법정해지원은 약정해지권과는 달리 법률의 규정에 의해 인정되는 해지권을 말합니다. 민법은 여러 가지 계약에 관하여 개별적으로 그 발생 원인을 규정하고 있습니다. 민법은 법정해지권의 발생 원인에 관하여 일반적 규정을 두지 않고 개별적 규정을 두고 있습니다.

다. 해지권의 행사

해지권은 해제권과 같이 형성권입니다.

그 해지권의 행사는 상대방에 대한 일방적 내용증명으로 의사표시를 합니다. 해지 의사표시는 철회하지 못합니다. 또 해지권은 불가분성이 있으므로 당사자의 일방 또는 쌍방이 여러 사람인 경우에는 그 행사는 전원으로부터 또는 전원에 대하여 하여야 합니다. 이 경우 해지권이 당사자 한 사람에 대하여 소멸한 때에는 다른 당사자에 대하여도 소멸합니다.

라, 해지의 효과

계약을 해지하면 장래에 대하여 계약의 효력이 소멸하므로 어떤 권리가 소급적으로 소멸하거나 소멸한 권리가 소급적으로 부활하는 일은 없습니다. 그러나 계약이 해지되면 임차인의 목적물 반환의무와 같은 원상회복의무(청산의무)가 남게 됩니다. 원상회복의무가 존속하는 동안은 역시 당사자 사이에 채권관계가 일정한 범위에서 존속합니다. 계속적 채권관계에서 이미 발생한 개개의 채무가 이행되어 있지 않으면 해지로 기본적 채권관계가 소멸하여도 그 채무는 그대로 존속합니다.

연체된 차임채무 또는 이자채무 그리고 비용 상환의무 등이 이에 해당합니다. 계약의 존속기간에 관하여 약정이 없는 경우에는 해지권자가 해지를 하더라도 일정한 경우에는 해지기간이 경과함으로써 해지의 효력이 생깁니다, 특별한 경우에는 해지권의 행사로 지체책임이 생기는 수도 있습니다. 즉 소비대차 계약에서 그 반환시기의 약정이 없으면 돈을 빌려준 채권자는 상당한 기간을 정하여 반환을 최고할 수 있으므로 이러한 반환의 최고는 해지와 같은 뜻이 있어 내용증명으로 발송하는 것이 좋습니다. 내용증명으로 이행의 최고가 있으면 채무의 변제기는 도래하고 그때부터 이행지체의 책임이 생기게 됩니다. 기간을 정하지 않은 계속적 채권관계에서는 각 당사자에게 해지의 자유가 인정되기 때문에 해지권 유보약정이나 법률의 규정이 없더라도 언제든지 해지를 통고할 수 있으므로 반드시 내용증명으로 해지의 의사표시를 하는 것이 좋습니다.

4. 해제

계약해제는 일단 유효하게 성립한 계약을 소급하여 소멸시키는 일방적인 의사표시를 말합니다. 이로써 계약관계를 해소시켜 처음부터 계약이 없었던 것과 같은 원상으로 돌리는 것입니다. 해제를 하면 계약으로부터 생긴 채권채무가 아직 이행되지 아니한 때에는 그 채권채무는 소멸하고 당사자는 그 이행을 청구할 수 없게됩니다. 또 이행된 후라면 그 이행은 채권채무가 없는 데에도 불구하고 이행한 것이 되므로 서로 반환하지 않으면 안 되게 됩니다. 또한 해제의 의사표시는 철회하지 못합니다.

계약의 해제는 당사자의 합의 또는 법정 해제사유가 발생해야만 가능하나 해약금의 교부가 있으면 다른 약정이 없는 한 교부자 또는 수령자는 당사자 일방이 이행에 착수하기 전에는 언제든지 계약을 해제할 수 있습니다. 민법은 "계약의 당사자 일방이 계약 당시에 금전 기타 물건을 계약금 또는 보증금 등의 명목으로 상대방에게 교부한 때에는 당사자 간에 다른 약정이 없는 한 당사자 일방이 이행에 착수할 때까지 교부자는 이를 포기하고, 수령자는 그 배액을 상환하여 매매계약을 해제할 수 있습니다. 계약금은 원칙적으로 해약금의 성질을 갖는 것으로 정하고 있습니다.

가. 약정해제권

계약당사자 일방의 의사에 의하여 행하여지는 해제로서, 그 해제권 발생의 원인이 당사자의 계약에 기하는 것을 약정해제권이라고 합니다.

나. 법정해제권

약정해제권보다도 법률의 규정에 의하여 발생하는 법정해제권 쪽이 더욱 중요성을 띠고 있습니다. 그리고 어떤 종류의 계약에서는 각기 개별적으로 해제규정이 설정되어 있는데 대체로 계약 당사자의 일방은 상대방에게 채무 불이행이 있으면 해제권의 행사를 법률에 의하여 인정받는다고 할 수 있습니다.

실무에서는 계약이 해제되는 경우도 많습니다. 대부분 계약 해제의 절차에 대해서는 무지할 정도로 잘 모르고 있습니다. 부동산매매계약과 같이 계약 당사자 쌍방이 서로 상대방에게 계약상의 이행의무를 부담하는 계약을 법적으로 '쌍무계약' 이라고 합니다. 예를 들어 부동산을 판 사람은 등기이전의무를, 부동산을 산 사람은 매매대금 지급의무를 부담하는 것을 쌍무계약이라고 합니다. 그런데 이 의무들은 특별한 약정이 없는 한 일단 서로 '동시이행관계' 에 놓이게 됩니다. 부동산 매매 계약에서는 대체로 잔금지급의무와 등기이전에 필요한 서류제공 의무가 동시이행 관계에 있습니다.

동시이행관계에 있는 쌍무계약에서는 계약 당사자 일방의 채무불이행이 있다고 하더라도 즉시 그 계약을 해제할 수 있는 것이 아닙니다. 즉 먼저 내용증명으로 상대방에게 자기 채무의 이행을 제공하는 의사표시를 하고, 동시에 상대방에게는 내용증명을 송달받은 날부터 14일 내에 상당한 기간을 정하여 그 기간까지 의무이행을 요구(이를 '최고' 라고 합니다)하여야 하고, 다음 정해준 기간까지도 역시 채무의 이행이 없으면 그때 가서야 계약을 해제할 수 있습니다.

민법 제544조(이행 지체와 해제) 당사자 일방이 그 채무를 이행하지 아니하는 때에는 상대방은 상당한 기간을 정하여 그 이행을 최고하고 그 기간 내에 이행하지 아니한 때에는 계약을 해제할 수 있습니다. 그러나 채무자가 미리 이행하지 아니할 의사를 표시한 경우에는 최고를 요하지 않습니다.

여기서 상당한 기간 보통(1주일(7일) 내지 2주일(14일) 정도까지 채무의 이행을 내용증명으로 최고하고, 동시에 자신의 의무이행을 위한 준비절차를 이행을 내용증명으로 통고하시면 됩니다.

제4절 내용증명의 효력

　보통 내용증명은 독촉장이나 최고장이라고 합니다. 일반적으로 내용증명이 필요한 경우는 채무이행의 최고와 계약해지 및 해제, 채권양도의 통지, 임대차계약의 해지 시, 그리고 일정 의사표시나 통지가 법률적인 효력을 발생하는 요건이 되거나 책임의 근거가 되는 사항일 경우에는 언제나 후일의 증거를 남겨둔다는 의미에서 내용증명우편으로 발송해 두는 것이 필요합니다.

　내용증명은 후일 있을지도 모르는 재판에 있어 증거를 사전 확보하는 차원에서 필요한 것이라 할 수 있습니다. 그러므로 법적으로 중요한 의미를 가지는 의사표시는 말(구두)로 하지 말고 반드시 내용증명으로 중요한 내용을 문서에 기재하여 발송해 두는 것이 현명한 방법이라 하겠습니다.

　실제 내용증명을 발송해 두면 분명한 사실관계로 인해 상대방(수취인)이 사실과 다른 억지주장을 하는 것을 차단할 수 있고 상대방(수취인)이 어떤 의무사항을 부인하고 소송이 개시되면 의도적으로 지연시키려는 행위를 예방하는 작용도 가능합니다. 특히 이행을 촉구하고 이행을 지체할 경우 가차 없이 법적조치를 취하겠다는 단호한 의사표시를 내용증명으로 발송할 경우 어차피 이행할 것이라면 소송비용까지 물어가면서 소송에 휘말릴 필요가 없기 때문에 자발적 이행이 유발되는 동기로 작용할 수도 있습니다.

　그러므로 상대방(수취인)에게 꼭 전달하고 통보하여야 할 내용에 대해서 말(구두)로 하지 말고 반드시 내용증명으로 발송인이 하고 싶은 의사를 진지하게 상대방(수취인)에게 통고함으로써 상대방으로 하여금 경각심을 가지도록 할 경우에 구태여 소송으로 갈 필요 없이 내용증명을 보내는 것만으로도 분쟁이 해결 될 수 있으므로 내용증명을 활용하는 이유 중에 하나입니다.

　내용증명서는 조금이라도 불안하고 상대방(수취인)이 엉뚱한 주장을 하고 나올 수 있는 사태에 대비하고 앞으로 있을지도 모르는 소송에 대해 미리미리 책임의 근거가 되는 사항일 경우에는 예방하는 차원으로 내용증명을 통하여 내용의 문서를 상대방(수취인)에게 발송하여 두면 여러 모로 유리하게 만들 수가 있습니다.

제2장 내용증명 작성방법

내용증명서는 기재의 형식에 특별한 규정이 없으며, 제목도 통고서나 최고서 또는 어떤 이행을 촉구하는 의사표시의 제목을 사용하여도 되지만 그 내용에 있어 앞으로 있을지도 모르는 소송에서 증거자료로 사용할 경우 법원에서 내용증명을 볼 수 있으므로 법원의 접수와 내부적인 결재 등을 위하여 상당한 공간이 필요하므로 내용증명서는

첫째 쪽 상단 중앙에 큰 글자로 '내용증명서' 라고 표시하고 발송인과 수취인의 성명을 기재하고, 그리고 내용증명을 발송할 날짜와 하단 중앙에 큰 글자로 '수취인 누구 귀하' 라고 기재하여 첫 페이지를 작성하는 것이 좋습니다.

둘째 쪽 상단 중앙에 큰 글자로 '내용증명서' 라고 기재하고 그 아래로 발송인의 인적사항을 기재하고, 그 아래로 수취인의 인적사항을 기재하시고 그 아래로 조금 큰 글자로 '내용증명의 제목 : 계약의 해지 통고서' 라고 기재하고 그 아래로 내용증명의 취지 및 요지와 아울러 의사표시의 내용을 요약하여 수취인에게 알려주는 역할을 하기 때문에 간명하게 의사표시의 내용을 표시하는 것이 좋습니다.

셋째 쪽 상단에 조금 큰 글자로 '내용증명의 취지' 라고 기재하고 그 아래로 발송인이 내용증명을 통하여 수취인에게 전달하고자 하는 의사표시의 목적과 권리 또는 법률관계에 관하여 어떠한 내용과 범위의 의사표시를 개진하는 것인지를 표시하는 내용증명서의 핵심적인 부분으로 앞으로 있을지도 모르는 소송에 대비하여 필요적 기재사항입니다. 일반적으로 이행을 촉구하거나 경고적인 메시지를 포함하고 있습니다. 그 아래로 조금 큰 글자로 '내용증명의 요지' 라고 기재하시고 그 아래로 내용증명의 취지와 같은 의사표시를 하는 권리 또는 법률관계를 발생시키는 구체적인 사실관계를 특정하여 제시하는 것으로 내용증명의 필요적 기재사항이라 할 수 있습니다.

내용증명서의 요지를 기재하는 방식에는 정형이 있는 것은 아니나 후일 있을지도 모르는 소송에서 증거로 사용될 수 있으므로 일반적으로 사용되는 방식에 따르는 것이 좋습니다. 일반적으로는 첫째, 누가 둘째, 언제 셋째, 누구와 사이에 넷째, 무엇에 관하여 다섯째, 어떠한 이행을 촉구한다는 순서로 기재하되, 기재할 사실이 많은 경우 같은 내용을 되풀이하여 기재하지 마시고 어떤 의사표시를 전달하는 것인지 누가 읽어도 무슨 내용인지 이해하기 쉽게 육하원칙에 맞게 작성하는 것이 좋습니다. 그 아래로 조금 큰 글자로 '소명자료 및 첨부서류' 라고 기재하고 그 아래로 내용증명서의 취지나 요지를 뒷받침할 수 있는 근거자료를 기재하고 내용증명서에 첨부하시고 그 아래로 내용증명을 발송하는 날짜를 기재하고 그 아래로 위 발송인 성명(인)을 기재하고 그 아래의 하단 중앙에 큰 글자로 '수취인 성명 귀하' 라고 기재하시면 됩니다.

내용증명서를 작성할 때는 A-4용지(210㎜×297㎜)의 규격을 말합니다. 내용증명서는 이러한 기준용지를 사용하여 작성하되 등본은 내용증명서의 원본을 복사한 것이어야 합니다. 내용증명서의 원본 또는 등본의 매수가 2매 이상인 경우에는 그 합철한 곳에 발송인의 인장이나 지장을 계인하여야 합니다. 내용증명의 원본이나 등본의 문자 또는 기호를 정정하거나 삽입 또는 삭제한 때에는 '정정', '삽입', '삭제' 의 문자 및 자수를 난외 또는 말미여백에 기재하고 그 곳에 발송인의 인장이나 지장을 찍어야 합니다.

정정 또는 삽입, 삭제된 문자나 기호는 명료하게 판독할 수 있도록 근거를 남겨주어야 합니다. 실무에서는 대부분 컴퓨터에서 워드로 내용증명을 작성하고 있기 때문에 정정하거나 삽입 또는 삭제할 내용이 있는 경우 바로 컴퓨터에서 워드로 수정하고 프린트하여 발송하고 있습니다. 내용증명서를 발송한 후에는 발송인 및 수취인의 성명이나 주소의 변경, 내용증명서 원본 또는 등본의 문자나 기호의 정정 등을 청구할 수 없으므로 신중하게 실수가 없도록 작성해야 합니다.

내용증명서는 원본, 그 등본 및 내용증명을 수취인에게 발송할 봉투에 기재하는 발송인 및 수취인의 성명과 주소는 동일하게 작성하여야 합니다. 내용의 문서에는 선량한 풍속에 반하는 내용의 문서 또는 문서의 원본(사본을 포함합니다)과 등본이 같은 내용임을 일반인이 쉽게 식별할 수 없는 문서는 내용증명서로 발송할 수 있습니다.

한번 작성한 내용증명서는 가급적이면 지우거나 정정하지 마시고 컴퓨터에서 워드로 새로이 작성하는 것이 후일을 위하여 좋습니다. 내용증명서는 한 면만 사용해서 작성하시고 문서가 2장 이상일 경우 앞문서의 뒷면과 뒷문서의 앞면에 간인을 해야 합니다. 우체국에서 내용증명으로 발송하려면 원본 1통과 복사본 2통 그리고 발송용 봉투를 작성해 가지고 가셔야 합니다.

제3장 내용증명서 보내는 방법

내용증명서를 발송하려면 우선 내용의 문서를 컴퓨터에서 워드로 작성하시고 3통을 프린트하고 내용증명서를 수취인에게 발송할 편지봉투 1통을 작성해 발송인의 주소지를 관할하는 가까운 우체국으로 가셔서 우체국의 내용증명우편 담당 직원에게 접수하면 담당 우체국직원이 내용문서의 원본과 등본을 서로 대조하여 부합함을 확인한 후 내용문서 원본과 등본의 각통에 발송연월일 및 우편물을 내용증명우편물로 발송한다는 뜻과 우체국명을 기재하고 통신일부인을 찍습니다.

수취인에게 발송할 내용문서의 원본, 우체국에서 보관할 등본 및 발송인에게 교부 할 등본 상호간에는 통신일부인으로 계인하여야 합니다. 내용문서의 원본 또는 등본이 2매 이상 합철되는 곳과 내용문서의 원본 또는 등본의 정정, 삽입, 삭제에 관한 기재를 한 곳에는 통신일부인을 찍어야 합니다.

우체국내용증명우편 직원이 증명한 내용문서의 원본은 우체국의 내용증명우편 취급직원이 보는 곳에서 발송인이 준비해 가지고 간 내용증명 발송용 봉투에 내용증명을 넣고 이를 봉합하여 우체국 내용증명 취급직원에게 건네주면 우체국 내용증명 취급직원이 내용문서의 등본을 발송인에게 교부하고 수취인에게 내용증명 원본을 발송합니다.

제4장 내용증명 취급수수료

　내용증명 취급수수료는 기준용지(210㎜×297㎜) 규격을 기준으로 내용문서의 매수에 따라 계산하되 양면에 기재한 경우에는 이를 2매로 봅니다. 내용증명 취급수수료의 계산에 있어서 내용문서의 규격이 기준용지보다 큰 것은 기준용지의 규격으로 접어서 매수를 계산하고, 기준용지보다 작은 것은 기준용지로 매수를 계산합니다.

　내용증명 취급수수료는 등본 1매에 금 1,300원입니다. 1매 초과할 때마다 금 650원이 가산됩니다. 만약 취소를 원할 때에는 접수 후 1시간 이내에만 가능합니다. 1시간 경과 시에는 창구를 직접 방문하여야 합니다. 내용증명은 통상 내용증명을 발송한 날부터 3일 내지 4일 안에 배달이 가능합니다. 익일 특급으로 내용증명을 발송한 경우 내용증명을 접수한 다음날 바로 내용증명이 배달됩니다.(단 14시 이전에 결제가 완료된 경우를 말합니다) 토요일이나 공휴일은 우체국 집배원이 배달을 하지 않으므로 배달일수에서 제외됩니다.

제5장 인터넷 내용증명서 보내는 법

내용증명서는 인터넷에서 발송할 수 있습니다.

인터넷에서 원하는 내용문서를 보내려면 먼저 인터넷에 접속하고
service.epost.go.kr/econprf.RetrieveEConprfReqSend.postal
(내용증명- 우체국 우편서비스)
접속해 위와 같은 URL주소를 클릭하시면 됩니다.

다음 위 우편 탭에서 '내용증명서비스'를 선택해 줍니다.

그 후 아이디로 로그인하거나 비회원으로도 신청이 가능합니다.

본인 인증을 완료한 후에 보내는 분 받는 분의 인적사항을 입력한 후에 본문 작성을 클릭해 줍니다.

그 뒤 내용증명 취급수수료를 결제하고 그 뒤에 접수 확인서는 신청하신 이메일로 보내 줍니다.

내용증명서는 우체국을 통하여 내용증명을 보내는 방법이 있고, 직접 내용증명을 작성하여 우체국으로 방문해 내용증명을 발송해도 되지만 시간에 쫓기는 직장에서는 시간이 없어서 직접 우체국에 방문할 수 없으면 24시간 내내 내용증명서의 작성이 가능하고 인터넷 '내용증명서비스' 에서 내용증명을 언제든지 보낼 수 있고 의사표시는 물론 증거확보를 할 수 있습니다.

최신서식

내용증명서 최신서식

(1) 내용증명서 - 대여금을 지급기일이 훨씬 지나도록 변제하지 않아 지급 일자를 특
정하여 이행를 최고하고 불이행시 가차 없이 법적조치 통고하는 내
용증명서 최신서식

내 용 증 명 서

발 신 인 : ○ ○ ○

수 신 인 : ○ ○ ○

수신인 ○ ○ ○ 귀하

내 용 증 명 서

1. 발신인

성명	○ ○ ○	주민등록번호	생략
주소	천안시 ○○구 ○○로○○길 ○○, ○○○-○○○호		
직업	주부	사무실 주 소	생략
전화	(휴대폰) 010 - 1234 - 0000		
기타사항	이 사건 채권자입니다.		

2. 수신인

성명	○ ○ ○	주민등록번호	생략
주소	천안시 ○○구 ○○로 ○○, ○○○-○○○호		
직업	회사원	사무실 주 소	생략
전화	(휴대폰) 010 - 4567 - 0000		
기타사항	이 사건 채무자입니다.		

3. 내용증명의 취지

금 55,000,000원정

단, 수신인은 ○○○○. ○○. ○○.자 위 대여금에 대하여 ○○○○. ○○. ○○. 까지 발신인에게 지급하기 바랍니다.

4. 내용증명의 요지

(1) 발신인은 수신인의 요청에 의하여 ○○○○. ○○. ○○. 아래와 같이 금 55,000,000원을 대여한 사실이 있습니다.

위 금액은 ○○○○. ○○. ○○.까지 지급하기로 하였으나 지금까지 변제하지 않고 있습니다.

(2) 이에 수차례 걸쳐 발신인은 수신인에게 찾아가 반환할 것을 독촉하였으나 수신인은 발신인에게 지불각서를 ○○○○. ○○. ○○. 작성, 교부하면서 위 대여금을 ○○○○. ○○. ○○.까지 틀림없이 변제하겠다고 약속하였으나 이 또한 약속을 지키지 않았습니다.

(3) 발신인은 수신인과의 친분을 고려하여 마지막으로 최고합니다.

수신인께서는 본건 내용증명서를 송달받은 날로부터 7일 이내에 위 대여금을 지급하시기 바랍니다.

다만 위 기간까지 위 대여금의 지급을 이행하지 않을 경우 발신인은 가차 없이 수신인을 상대로 법적조치를 취하되 여기에 파생되는 모든 법적조치에 따른 비용도 모두 수신인의 부담이므로 이점 수신인께서는 각별히 유의하시고 추호도 발신인을 원망하는 일 없었으면 합니다.

5. 소명자료 및 첨부서류

    (1) 차용증서   1통

    (2) 지불각서   1통

○○○○ 년 ○○ 월 ○○ 일

위 발신인 : ○ ○ ○   (인)

수신인 ○ ○ ○ 귀하

(2) 내용증명서 - 대여금을 변제하지 않아 내용증명을 송달받는 날로부터 7일 이내에
지급하지 않으면 가차 없이 법적조치 통보하는 내용증명서 최신서식

내 용 증 명 서

발 신 인 : ○ ○ ○

수 신 인 : ○ ○ ○

수신인 ○   ○   ○ 귀하

내 용 증 명 서

1. 발신인

성명	○ ○ ○	주민등록번호	생략
주소	수원시 ○○구 ○○로○○길 ○○, ○○○-○○○호		
직업	상업	사무실 주 소	생략
전화	(휴대폰) 010 - 9876 - 0000		
기타사항	이 사건 채권자입니다.		

2. 수신인

성명	○ ○ ○	주민등록번호	생략
주소	수원시 ○○구 ○○로 ○○, ○○○-○○○호		
직업	회사원	사무실 주 소	생략
전화	(휴대폰) 010 - 4567 - 0000		
기타사항	이 사건 채무자입니다.		

3. 내용증명의 취지

금 27,000,000원정

단, 수신인은 ○○○○. ○○. ○○.자 위 대여금에 대하여 ○○○○. ○○. ○○. 까지 발신인에게 지급하기 바랍니다.

4. 내용증명의 요지

(1) 수신인의 무궁한 발전을 기원합니다.

(2) 수신인은 ○○○○. ○○. ○○. ○○:○○경 발신인에게 찾아와 "은행대출금이 연체되어 은행에서 경매를 한다고 하니 금 ○,○○○만원을 대여해주면, 이자는 연 18%로 ○○○○. ○○. ○○.까지는 틀림없이 변제해준다"고 하여 당일 날 발신인이 수신인에게 위 금원을 대여해 준 적이 있습니다.

(3) 발신인은 변제기한인 ○○○○. ○○. ○○.이 훨씬 지난 후 수신인에게 수차에 걸쳐 대여금의 반환을 요구하였으나, 수신인은 현재에 이르기까지 이런저런 이유로 대여금의 반환을 미루고 있습니다.

(4) 이에 수신인에게 위 대여금 27,000,000원을 이건 내용증명 최고서를 송달받은 날로부터 7일 이내에 반환하여 줄 것을 최고하며, 만약 수신인께서 이행치 아니할시 가차 없이 법적조치를 취할 수밖에 없음을 통지하니 양지하시기 바랍니다.

5. 소명자료 및 첨부서류

    (1) 차용증서   1통

○○○○ 년 ○○ 월 ○○ 일

위 발신인 : ○ ○ ○ (인)

수신인 ○ ○ ○ 귀하

(3) 내용증명서 - 물품대금청구에 대응하여 물품에 하자가 발생하여 교환해 주지 않을 경우 물품대금을 지불할 수 없다는 취지의 내용증명서 최신서식

내 용 증 명 서

발 신 인 : ○ ○ ○

수 신 인 : ○ ○ ○

수신인 ○ ○ ○ 귀하

내 용 증 명 서

1. 발신인

성명	○ ○ ○	주민등록번호	생략
주소	청주시 ○○구 ○○로○○길 ○○, ○○○-○○○호		
직업	상업	사무실 주 소	생략
전화	(휴대폰) 010 - 1277 - 0000		
기타사항	이 사건 발신인입니다.		

2. 수신인

성명	○ ○ ○	주민등록번호	생략
주소	청주시 청원구 ○○로 ○○, ○○○-○○○호		
직업	상업	사무실 주 소	생략
전화	(휴대폰) 010 - 9812 - 0000		
기타사항	이 사건 수신인입니다.		

3. 내용증명의 요지

(1) 발신인은 먼저 수신인의 사업이 번창하시길 기원합니다.

(2) 발신인은 ○○○○. ○○. ○○. 수신인으로부터 물품대금청구의 통지서를 내용증명우편으로 송달받았습니다.

(3) 그러나 발신인은 전화상으로도 수차례 말씀을 드렸듯이 수신인으로부터 구입한 에어컨 1대를 금 2,300,000원에 구입하여 이를 사용하고자 작동을 하였는데 이상하게 작동이 흐지부지 하더니 시원한 바람도 나오지 않아 가동을 중지하고 수신인에게 연락을 하였는데 수신인의 직원이 나와 수리를 하였으나 이를 고치지 못하고 제품교환을 해야 한다는 말만 남기고 그냥 돌아갔습니다.

(4) 지금까지 수신인은 위 에어컨의 교환을 미루고 있으며 사용을 하였기 때문에 교환이 불가능하다는 등의 이유로 교환을 해주지 않는 바람에 발신인이 수차 전화상으로 교환해 주기 전에는 에어컨대금을 지급할 수 없다고 하였습니다.

(5) 수신인은 위 에어컨의 교환은 해 주지 않고 물품대금만 청구하는 것은 너무나 부당하오며 발신인은 위 제품의 교환이 있을 때까지 물품대금을 지급할 생각이 전혀 없음을 다시 한 번 분명히 밝혀둡니다.

4. 소명자료 및 첨부서류

    (1) 물품대금청구서   1통

○○○○ 년 ○○ 월 ○○ 일

위 발신인 : ○ ○ ○ (인)

수신인 ○ ○ ○ 귀하

(4) 내용증명서 - 연립주택의 상층에서 누수로 인한 보수공사를 아래층에서 촉구하고
불이행시 가차 없이 법적조치를 취하겠다는 취지로 통고서 내용증
명서 최신서식

내 용 증 명 서

발 신 인 : ○ ○ ○

수 신 인 : ○ ○ ○

수신인 ○   ○   ○ 귀하

내 용 증 명 서

1. 발신인

성명	○ ○ ○		주민등록번호	생략
주소	인천시 ○○구 ○○로○○길 ○○, ○○○-301호			
직업	상업	사무실 주 소	생략	
전화	(휴대폰) 010 - 2324 - 0000			
기타사항	이 사건 채권자입니다.			

2. 수신인

성명	○ ○ ○		주민등록번호	생략
주소	인천시 ○○구 ○○로○○길 ○○, ○○○-401호			
직업	무지	사무실 주 소	생략	
전화	(휴대폰) 010 - 4567 - 0000			
기타사항	이 사건 채무자입니다.			

3. 내용증명의 요지

(1) 발신인은 수신인의 가정에 평화를 기원합니다.

(2) 수신인은 좋은나무주택 301호에 거주하시면서 바닥누수로 인한 발신인이 거주하는 같은 401호의 천정피해 처리에 대해 수차례 구두로 알리고 찾아가 말씀을 드렸음에도 불구하고 아무런 답변과 처리가 없어서 우편으로 내용을 전달하고자 합니다.

(3) 수신인께서 발신인의 집으로 오셔서 보시면 아시겠지만 거실과 주방, 현관입구, 화장실천정이 수신인께서 바닥누수 보수를 하지 않음으로 인하여 301호의 천정 벽지색깔이 까맣게 변해버렸고 곰팡이까지 심하게 펴있습니다.

(4) 심지어 화장실천정은 몇 번 누전이 되어 전등위치교체를 하였지만 그 바뀐 위치에까지 물이 번지고 있어 현재 거주중인 발신인은 불안해서 더 이상 살 수가 없으므로 고통에서 벗어나고 싶습니다.

(5) 발신인은 집을 팔고 다른 곳으로 이사를 가려고 해도 집을 보러오는 사람들이 천정하자보수가 되지 않으면 사지 않겠다고 하니 저의 재산에 막대한 피해를 끼치고 있습니다.

(6) 수신인께서도 아시다시피 이제 곧 장마가 시작되면 더 큰문제점과 비용이 발생될 것으로 예상되니 수리부분에 대한 의무를 신속히 이행해주셔서 원만히 해결되었으면 합니다.

(7) 수신인께서는 발신인의 위와 같은 사정을 조금이라도 헤아려 주시고 오는 ○○○○. ○○. ○○.까지 누수공사를 완료하고 바로 발신인의 집에 대해서도 벽지를 포함하여 대대적인 보수공사를 해 주시기 바랍니다.

(8) 발신인으로서는 위 기간까지 수신인께서 누수공사를 하지 않을 경우 피해가 너무나도 많기 때문에 가차 없이 법적조치를 취할 수밖에 없음을 알려드리오니 이점을 유의하시기 바랍니다.

4. 소명자료 및 첨부서류

   (1) 누수 관련 현황사진   7매

○○○○ 년 ○○ 월 ○○ 일

위 발신인 : ○　○　○　(인)

수신인 ○　○　○ 귀하

(5) 내용증명서 - 교통사고의 피해자가 치료 후에 후유증이 발병하여 가해자에게 발병한 치료비의 지급을 강력히 촉구하는 취지의 내용증명서 최신서식

내 용 증 명 서

발 신 인 : ○ ○ ○

수 신 인 : ○ ○ ○

수신인 ○ ○ ○ 귀하

내 용 증 명 서

1. 발신인

성명	○ ○ ○	주민등록번호	생략
주소	부산시 ○○구 ○○로○○길 ○○, ○○○-301호		
직업	상업	사무실 주 소	생략
전화	(휴대폰) 010 - 2324 - 0000		
기타사항	이 사건 채권자입니다.		

2. 수신인

성명	○ ○ ○	주민등록번호	생략
주소	부산시 ○○구 ○○로○○길 ○○, ○○○-401호		
직업	무지	사무실 주 소	생략
전화	(휴대폰) 010 - 4567 - 0000		
기타사항	이 사건 채무자입니다.		

3. 내용증명의 요지

(1) 발신인은 수신인의 가정에 평안하심을 진심으로 기원합니다.

(2) 다름이 아니옵고 발신인은 ○○○○. ○○. ○○. 13:45경 부산시 동래구 ○○로 ○○, 신한은행 앞을 걸어가다 수신인이 운전하던 오토바이에 충돌하여 심한 상해를 입었습니다.

(3) 그러나 위의 사고로 인하여 발신인은 수신인이 지급한 치료비와 손해배상금으로 치료를 받아 모든 상해가 완치된 것으로 판단되어 병원에서 퇴원하여도 좋다는 통보를 받고 치료를 마무리하였으나, 최근 당시 사고로 치료받은 부위에 통증을 느껴 다시 병원을 찾아 진료를 받아 본 결과 사고당시 치료하였던 부위가 재발하여 후유증이 발생하였다는 진단을 받고 재차 치료를 해야 하는 상태입니다.

(4) 이에 발신인은 부득이 당시 가해자인 수신인에게 후유증에 따른 치료 비에 대하여 본 내용증명을 통하여 청구하는 바이오니 이점 양지하시 어 조속한 지급을 부탁드립니다.

4. 소명자료 및 첨부서류

(1) 진단서 및 치료비내역서   1통

○○○○ 년 ○○ 월 ○○ 일

위 발신인 : ○   ○   ○   (인)

수신인 ○   ○   ○ 귀하

(6) 내용증명서 – 약정금은 물품에 대한 약정금이고 이행을 하지 않아 이미 약정금은 귀속되었<u>으므로</u> 지급에 응할 이유가 없다는 취지의 내용증명서 최신서식

내 용 증 명 서

발 신 인 : ○   ○   ○

수 신 인 : ○   ○   ○

수신인 ○   ○   ○ 귀하

내 용 증 명 서

1. 발신인

성명	○ ○ ○		주민등록번호	생략
주소	진주시 ○○면 ○○로 ○○길 ○○, ○○호			
직업	농업	사무실 주 소	생략	
전화	(휴대폰) 010 - 2233 - 0000			
기타사항	이 사건 발신인입니다.			

2. 수신인

성명	○ ○ ○		주민등록번호	생략
주소	부산시 ○○구 ○○로○○길 ○○, ○○○-○○○호			
직업	상업	사무실 주 소	생략	
전화	(휴대폰) 010 - 7766 - 0000			
기타사항	이 사건 채무자입니다.			

3. 내용증명의 요지

(1) 수신인께서 발신인에게 ○○○○. ○○. ○○. 발송한 내용증명에 대한 답변입니다.

(2) 수신인은 내용증명에서 발신인에게 빌려준 금 900만원을 변제하지 않고 있다며 변제를 청구하고 있는바,

(3) 위 900만원은 수신인이 발신인에게 빌려준 돈이 아니라 발신인이 생산하고 있는 배추의 약정금으로 지급한 것인데 수신인이 약정금으로 지급한 900만원은 수신인이 ○○○○. ○○. ○○.까지 발신인의 배추와 무를 인수하지 못할 시는 무효로 하고 약정금은 발신인에게 귀속하기로 하였던 것이며 수신인은 약정기간 내에 이행을 하지 않았기 때문에 위 약정금 900만원은 ○○○○. ○○. ○○.부로 발신인에게 귀속된 것으로서 수신인의 청구에 응할 하등에 이유가 없습니다.

4. 소명자료 및 첨부서류

　(1) 약정서　　　　　　　　　　　　　　　　　　　　　　　1통

　　　　　　　　　　○○○○ 년 ○○ 월 ○○ 일

　　　　　　　　　　　　　　　　　위 발신인 : ○　○　○　**(인)**

수신인 ○　○　○ 귀하

(7) 내용증명서 - 월임대료를 장기 연체하여 임대차계약을 해지를 통고하고 임대료를
　　　　　　　　 지급하지 않으면 가차 없이 명도소송을 제기하겠다는 내용증명서
　　　　　　　　 최신서식

내 용 증 명 서

발 신 인 : ○ ○ ○

수 신 인 : ○ ○ ○

임차인 ○　○　○ 귀중

내 용 증 명 서

1. 임대인

성명	○ ○ ○	주민등록번호	생략
주소	대전시 ○○구 ○○로○○길 ○○, ○○○-○○○호		
직업	임대업	사무실 주 소	생략
전화	(휴대폰) 010 - 9800 - 0000		
기타사항	이 사건 채권자 겸 임대인입니다.		

2. 임차인

성명	○ ○ ○	주민등록번호	생략
주소	대전시 ○○구 ○○로 ○○, ○○○-○○○호		
직업	상업	사무실 주 소	생략
전화	(휴대폰) 010 - 4432 - 0000		
기타사항	이 사건 채무자 겸 임차인입니다.		

3. 내용증명의 요지

(1) 우선 발신인은 수신인의 무궁한 발전을 기원합니다.

(2) 발신인은 수신인과 ○○○○. ○○. ○○. 발신인 소유의 점포에 대하여 아래와 같이 임대차계약을 체결한 바 있습니다.

- 아 래 -

　목　적　물 : 대전시 ○○구 ○○로 ○○, ○○○호

　임차보증금 : 금 ○○○,○○○,○○○원

　월　임대료 : 금 ○,○○○,○○○원

　임대차기간 : ○○○○. ○○. ○○.부터 ○○○○. ○○. ○○.까지

(3) 수신인은 위 계약에 따라 발신인에게 계약금 금 ○,○○○만원을 계약당일 지급하고, 나머지 금 ○○○,○○○,○○○원은 같은 해 ○○. ○○. 지급하여 잔금지급일부터 입주해오고 있습니다.

(4) 그런데, 수신인은 ○○○○. ○○.월부터 아무런 사유 없이 월임대료를 지급하지 아니하여 발신인은 ○○○○. ○○. ○○.자 등 수차례 수신인에게 체납 임대료 지급을 최고하였습니다.

(5) 그럼에도 불구하고 수신인은 체납 임대료를 지급하지 않고 있어 발신인은 수신인에게 내용증명으로 임대차계약 해지를 통지하오니 내용증명을 송달받는 즉시 위 건물을 명도해주시고 밀린 임대료를 지급하여 주시기 바랍니다.

(6) 만일, 위 기간 내에 건물명도 및 체납 임대료를 변제하시지 않으면 발신인은 가차 없이 법적조치를 취할 수밖에 없으므로 이점 각별히 유의하시기 바랍니다.

4. 소명자료 및 첨부서류

(1) 임대차계약서   1통

○○○○ 년 ○○ 월 ○○ 일

위 임대인 : ○   ○   ○   (인)

임차인 ○   ○   ○ 귀하

(8) 내용증명서 - 임대차기간 만료 3개월 전에 임대차갱신계약거절을 하고 기간이 만료되는 즉시 이 사건 임대차 부동산을 인도해 달라는 내용증명서 최신서식

내 용 증 명 서

발 신 인 : ○ ○ ○

수 신 인 : ○ ○ ○

수신인 ○ ○ ○ 귀하

내 용 증 명 서

1. 발신인

성명	○ ○ ○		주민등록번호	생략
주소	부산시 ○○구 ○○로 ○길 ○○, ○○○-○○○호			
직업	상업	사무실 주 소	생략	
전화	(휴대폰) 010 - 2324 - 0000			
기타사항	이 사건 채권자 겸 임대인입니다.			

2. 수신인

성명	○ ○ ○		주민등록번호	생략
주소	부산시 ○○구 ○○로○○길 ○○, ○○○호			
직업	무지	사무실 주 소	생략	
전화	(휴대폰) 010 - 4567 - 0000			
기타사항	이 사건 채무자 겸 임차인입니다.			

3. 내용증명의 요지

(1) 발신인은 수신인이 보여주셨던 협조와 신뢰에 대하여 무한한 감사의 말씀을 먼저 드립니다.

(2) 다름이 아니오라 발신인이 수신인에게 발신인 소유인 부산시 해운대구 ○○로 ○○, ○○○호에 대하여 전세보증금 150,000,000원, 전세기간을 ○○○○. ○○. ○○.부터 2년간으로 하는 전세차계약을 체결하였습니다.

(3) 그러나 위 주택에 대한 전세계약기간은 앞으로 넉넉잡아 3개월 남은 상태입니다.

정확하게 발신인이 전세계약기간을 갱신할 수 없다고 통고하는 ○○○○. ○○. ○○.부터 전세계약기간이 만료되는 ○○○○. ○○. ○○.까지는 95일 남았습니다.

(4) 위 전세기간이 종료된 후 위 주택에 발신인이 사용할 필요가 발생하여 수신인과의 전세계약을 갱신할 수 없게 되었습니다.

(5) 수신인께서는 위 전세계약기간이 만료되는 시점에 위 주택의 원상복구 하여 발신인에게 인도하여 주시기 바라오며 수신인이 새로 이사 갈 집에 대한 계약금은 수신인이 요구하시는 날짜에 전세보증금의 10%인 15,000,000원을 먼저 반환해 드리겠습니다.

(6) 수신인이 불이행 하실 경우 발신인으로서는 급박한 사정으로 인하여 피해가 예상되므로 가차 없이 법적조치를 취할 수밖에 없음을 통고하오니 이점은 널리 양해하여 주시기 바라오며 협조의 말씀드립니다.

4. 소명자료 및 첨부서류

(1) 임대차계약서   1통

○○○○ 년 ○○ 월 ○○ 일

위 발신인(임대인) : ○ ○ ○ (인)

수신인(임차인) ○   ○   ○ 귀하

(9) 내용증명서 - 월세를 장기간 연체하여 임대차계약의 해지를 통고하고 가차 없이 법
적조치를 취하겠다며 명도를 요구하는 취지의 내용증명서 최신서식

내 용 증 명 서

발 신 인 : ○ ○ ○

수 신 인 : ○ ○ ○

수신인 ○　○　○ 귀중

내 용 증 명 서

1. 발신인

성명	○ ○ ○	주민등록번호	생략
주소	광주시 ○○구 ○○로 ○길 ○○, ○○○-○○○호		
직업	상업	사무실 주 소	생략
전화	(휴대폰) 010 - 1230 - 0000		
기타사항	이 사건 채권자 겸 임대인입니다.		

2. 수신인

성명	○ ○ ○	주민등록번호	생략
주소	광주시 ○○구 ○○로○○길 ○○, ○○○호		
직업	무지	사무실 주 소	생략
전화	(휴대폰) 010 - 7768 - 0000		
기타사항	이 사건 채무자 겸 임차인입니다.		

3. 내용증명의 요지

(1) 발신인은 우선 수신인의 발전을 기원합니다.

(2) 다름이 아니오라, 발신인(임대인)과 수인인(임차인)이 발신인 소유의 " 광주시 ○○구 ○○로길 ○○, ○○마을 ○○아파트 ○○○동 ○○○○호"에 대해 임 대계약을 체결하고 매월 수신인께서 발신인에게 임대료를 금 1,200,000원 을 지급하기로 하였으나 현재 위 아파트의 임대계약조건과는 달리 ○○○○. ○○.월부터 ○○○○. ○○.일 현재까지 약 ○개월분의 월임대료가 입금되지 않고 있습니다.

(3) 민법 제640조에 의하면 임차인의 월차임 연체액이 2기에 해당하는 금액이면 임대인에게는 계약에 대한 해지권이 생깁니다.(횟수가 아닌 전체 연체된 월 세로 판단) 이에 발신인은 본 내용증명서를 통하여 월임대료를 요청하는 바 이니 내용증명서를 송달받은 후 7일 이내(○○○○. ○○. ○○.까지)로 연체 된 임대료 금 6,000,000만원을 입금하여 주시기 바랍니다.

(4) 위 기일내로 연체된 임대료를 지급하지 않을 경우 발신인은 가차 없이 아파 트의 명도소송 및 월임대료의 청구소송을 제기할 것은 물론이고 이에 따른 모든 법적비용(변호사비 포함)과 연체된 차임에 대한 법적 이 자부담을 모두 청구할 것임을 알려드립니다.

(5) 또는 그동안 여러 차례 전화로 통보하였으나 납부 약속이 지켜지지 않아 계약을 계 속 유지하기가 어려워(민법 제640조) 계약해지를 통보하오니 수신인은 위 임대물을 ○○○○. ○○. ○○.까지 원상 복구하여 발신인에게 명도하여 주시기 바랍니다.

(6) 따라서 위 기일내로 명도가 이루어지지 않을 경우 건물명도 소송(점유금지가 처분신청포함)에 의한 강제집행을 할 것이며 이건 소송에 필요한 모든 법적 비용(변호사비 포함)은 수신인께서 부담하셔야 함을 알려드리며 그 비용 또 한 청구할 것임을 알려드리오니 이점 각별히 유의하여 불이익 받지 않도록 하시기 바랍니다.

4. 소명자료 및 첨부서류

    (1) 임대차계약서   1통

    (2) 임대료연체내역서   1통

○○○○ 년 ○○ 월 ○○ 일

위 발신인(임대인) : ○　○　○　(인)

수신인(임차인) ○　○　○ 귀하

(10) 내용증명서 - 매매대금을 지급하지 않아 매도인이 대금의 지급을 촉구하고 불이
행 시 계약금은 위약금으로 귀속하고 매매계약을 해지하겠다는 통
고서 내용증명 최신서식

내 용 증 명 서

발 신 인 : ○ ○ ○

수 신 인 : ○ ○ ○

수신인(매수인) ○ ○ ○ 귀중

내 용 증 명 서

1. 발신인

성명	○ ○ ○	주민등록번호	생략
주소	강원도 양구군 ○○면 ○○로 ○○길 ○○, ○○호		
직업	농업	사무실 주 소	생략
전화	(휴대폰) 010 - 9899 - 0000		
기타사항	이 사건 발신인 겸 매도자입니다.		

2. 수신인

성명	○ ○ ○	주민등록번호	생략
주소	강원도 인제군 ○○읍 ○○로 ○○,		
직업	상업	사무실 주 소	생략
전화	(휴대폰) 010 - 6654 - 0000		
기타사항	이 사건 수신인 겸 매수인입니다.		

3. 내용증명의 요지

(1) 발신인은 수신인과 발신인 소유의 강원도 양구군 양구읍 ○○로 ○○, 임야 ○○,○○○㎡에 대하여 매매대금 5억 3천만 원으로 정하여 매매계약을 ○○ ○○. ○○. ○○. 체결하면서 계약금 5천만 원은 지급받고 중도금 2억 원은 같은 해 ○○. ○○. 잔금 2억 8천만 원은 같은 해 ○○. ○○.에 지급받기로 약정하고 상대방의 잔금지급을 상환으로 소유권이전등기에 필요한 서류를 교부해 주기로 약정하였습니다.

(2) 그런데 수신인은 발신인에게 계약 당일 계약금만 지급하고 중도금 및 잔금은 지급기일이 훨씬 지난 지금까지 아무런 연락도 없이 약정한 중도금 및 잔금을 지급하지 아니하고 있으므로 발신인은 수신인에게 위 매매대금의 중도금과 잔금 금 4억 8천만 원을 ○○○○. ○○. ○○.까지 지 급할 것을 통고하며, 만일 수신인께서 지급기일을 어길 때에는 위 매매계약은 당연히 해제된 것으로 하고 계약금은 위약금으로 발신인이 귀속할 것이오니 이점 양지하시기 바랍니다.

4. 소명자료 및 첨부서류

    (1) 매매계약서   1통

○○○○ 년 ○○ 월 ○○ 일

위 발신인(매도인) : ○　○　○　(인)

수신인(매수인) ○　○　○ 귀하

(11) 내용증명서 - 임대차계약에 대하여 권리관계가 존재하여 계약금을 반환을 청구
하고 불이행시 가차 없이 법적조치를 취하겠다는 취지의 통보서
최신서식

내 용 증 명 서

발 신 인 : ○ ○ ○

수 신 인 : ○ ○ ○

수신인 ○ ○ ○ 귀하

내 용 증 명 서

1. 발신인

성명	○ ○ ○		주민등록번호	생략
주소	대구시 ○○구 ○○로 ○○길 ○○, ○○호			
직업	상업	사무실 주 소	생략	
전화	대구시 ○○구 ○○로 ○○길 ○○, ○○호			
기타사항	이 사건 발신인입니다.			

2. 수신인

성명	○ ○ ○		주민등록번호	생략
주소	대구시 ○○구 ○○로○○길 ○○, ○○○-○○○호			
직업	상업	사무실 주 소	생략	
전화	(휴대폰) 010 - 7787 - 0000			
기타사항	이 사건 수신인입니다.			

3. 내용증명의 요지

(1) 수신인의 무궁한 발전을 기원합니다.

(2) 수신인과 발신인 간에 있었던 대구시 ○○구 ○○로 3길 ○○○, 소재 부동산 임대차계약(○○○○. ○○. ○○.)은 계약 당일이 공휴일인 관계로 등기부 열람이 불가한 점을 들어 수신인과 중개업자가 확인설명한 내용 이외의 근저당권설정 등 향후 발신인에 전세보증금 반환 및 유지에 영항을 줄 수 있는 내용이 있을 시 없던 일로 하기로 단서를 달고 계약을 체결하였습니다.

(3) 이후 발신인이 확인한 바로는 수신인이 설명한 설정금액 외에 하나은행 ○○지점 채권 최고액 금 55,000,000원정이 존재하고 있는 등 이것은 경제 여건과 현실을 감안할 때 과다한 액수임에 틀림없고 수신인과 발신인이 인지하고 있는 이외의 위험 요소이고 이런 위험을 예방하기 위해 계약서 단서조항에 우리가 특약 계약을 한 것을 상기코자 합니다.

이에 발신인의 재산보전에 위험하다고 판단되어 계약조건에 의거, 부득이 수신인과의 이 사건 부동산임대차계약을 해지함을 통보합니다.

(4) 아울러 수신인이 보관하고 있는 발신인의 위 계약금을 반환하여 주실 것을 요청하오니 즉시 반환하여 주시기 바랍니다.

불이행 하실 경우 발신인으로서는 가차 없이 법적인 조치를 취할 수밖에 없음을 알려드리오니 이점 각별히 유의하시기 바랍니다.

4. 소명자료 및 첨부서류

(1) 임대차계약서   1통

(2) 등기부등본   1통

○○○○ 년 ○○ 월 ○○ 일

위 발신인 : ○ ○ ○ (인)

수신인 ○ ○ ○ 귀하

(12) 내용증명서 - 임대인이 임차인에게 임대료의 인상을 통보하고 임대료의 인상이
불가할 경우에는 명도해 달라는 취지의 내용증명서 최신서식

내 용 증 명 서

발 신 인 : ○ ○ ○

수 신 인 : ○ ○ ○

수신인 ○   ○   ○ 귀하

내 용 증 명 서

1. 발신인

성명	○ ○ ○	주민등록번호	생략
주소	광주시 ○○구 ○○로 ○길 ○○, ○○○-○○○호		
직업	상업	사무실 주 소	생략
전화	(휴대폰) 010 - 1230 - 0000		
기타사항	이 사건 채권자 겸 임대인입니다.		

2. 수신인

성명	○ ○ ○	주민등록번호	생략
주소	광주시 ○○구 ○○로○○길 ○○, ○○○호		
직업	무지	사무실 주 소	생략
전화	(휴대폰) 010 - 7768 - 0000		
기타사항	이 사건 채무자 겸 임차인입니다.		

3. 내용증명의 요지

(1) 수신인의 협조에 감사드리며, 발신인은 우선 수신인의 발전을 기원합니다.

(2) 다름이 아니오라 발신인의 소유인 광주시 ○○구 ○○로 ○○길 ○○, ○○빌딩 ○○○호에 대하여 수신인은 ○○○○. ○○. ○○.자로 임대보증금 3천만 원에 월 230만 원으로 하여, 그 종료기간을 ○○○○. ○○. ○○.로 하여 임대차계약을 체결한바 있습니다.

(3) 그런데 부득이하게 상가주변의 시세의 상승과 이에 대한 공과금의 인상 등으로 인하여 새로이 시작되는 기간부터는 월 ○○십만 원씩을 올려 월 300만 원씩 부가세는 별도로 하여 올려주셨으면 합니다.

(4) 수신인께서 이건 통보서를 송달받고도 아무런 연락이 없으시면, 위 사항과 같이 임대차계약이 갱신하는 것으로 알고 있겠으며, 계약조건을 받아들이기 곤란하시다면 계약기간 만료로 인해 민법 제639조에 의거하여 계약기간 갱신을 거절하는 바이며, 이에 상가건물을 명도하여 주시고 계약서내용에 따라 수신인께서는 원상복구를 해 주시기 바랍니다.

(5) 발신인도 수신인의 제반사정을 고려하여 정한 것이므로 가능한 한 원만하게 이행이 되었으면 합니다.

4. 소명자료 및 첨부서류

(1) 임대차계약서　　　　　　　　　　　　　　　　　　　　　　　　　　　1통

○○○○ 년 ○○ 월 ○○ 일

위 발신인(임대인) : ○　○　○　(인)

수신인(임차인) ○　○　○ 귀하

(13) 내용증명서 - 상대방의 억지 주장과 관련하여 반박하고 구체적인 항변으로 상대
방의 주장을 배척하는 취지의 내용증명서 최신서식

내 용 증 명 서

발 신 인 : ○ ○ ○

수 신 인 : ○ ○ ○

수신인 ○   ○   ○ 귀중

내 용 증 명 서

1. 발신인

성명	○ ○ ○		주민등록번호	생략
주소	창원시 ○○구 ○○로 ○○길 ○○, ○○호			
직업	상업	사무실 주 소	생략	
전화	(휴대폰) 010 - 6654 - 0000			
기타사항	이 사건 발신인입니다.			

2. 수신인

성명	○ ○ ○		주민등록번호	생략
주소	창원시 ○○구 ○○로○○길 ○○, ○○○-○○○호			
직업	상업	사무실 주 소	생략	
전화	(휴대폰) 010 - 7787 - 0000			
기타사항	이 사건 수신인입니다.			

3. 내용증명의 요지

(1) 우선 발신인은 수신인의 가정에 평강을 진심으로 기원하면서 수신인께서 발신인에게 ○○○○. ○○. ○○.발송하신 내용증명 통지서에 대한 답변이오니 아래의 답변내용을 참고하시고 업무에 착오 없으시기 바랍니다.

(2) 수신인이 발신인에게 발송한 내용증명 통지서의 요지는

　　가. ○○○○. ○○. ○○.체결한 창원시 ○○구 ○○로○길 ○○, ○○리빙텔 고시원에 대한 임대차계약은 ○○○○. ○○. ○○.부로 계약기간이 만료되어 보증금의 반환을 통지하고 있고,

　　나. 임대차 목적물의 명도와 임대차보증금 반환은 동시이행을 주장하고 있고,

　　다. 발신인이 모텔로 운영하다가 시설이 낙후되어 고시원으로 개조해 시설권리금을 받고 양도한 이건 고시원은 원상회복의무가 없을 뿐만 아니라 시설권리금 일부도 배상을 받겠다는 주장인바,

(3) 위 가.항의 주장에 대하여

　수신인께서 ○○○○. ○○. ○○.까지 발신인의 대리인에게 명도를 완료하고 이를 대리인이 증명할 때 바로 보증금을 반환할 생각입니다.

(4) 위 나.항의 주장에 대하여

　임대차 목적물의 점유를 풀고 임대인에게 인도를 상환으로 임대차보증금을 지급하는 것이지 수신인이 계속 점유하고 있는 상태에서는 동시이행의 항변을 주장할 수없습니다.

(5) 위 다.항의 주장에 대하여

　　가. 발신인은 이 사건 부동산을 수신인에게 임대하면서 시설권리금을 인정한 사실도 없고 수신인으로부터 시설권리금을 지급받은 사실조차 없으므로 수신인이 시설권리금을 지급한 것이 사실이라면 지급한 사람을 상대로

청구할 성질이지 발신인과는 아무런 상관이 없습니다.

　나. 이 사건 임대차부동산에 대한 원상회복의무는 계약서상에 명시된 바와 같이 이행의무는 수신인에게 있습니다.

(6) 위에서 설시한 바와 같이 수신인이 위 목적부동산에 대한 점유를 풀지 않고 계속점유하고 의무사항을 이행하지 않고 점유하면 발신인으로서는 수신인에게 보증금을 반환할 수 없으며 수신인이 완벽한 명도를 이행하는 날까지 계약내용에 따라 임대료는 수신인이 지급하셔야 합니다.

(7) 수신인께서는 ○○○○. ○○. ○○.까지 수신인과 발신인이 체결한 이 사건 임대차계약서에 따라 모두 이행하시고 발신인의 대리인에게 연락하시면 발신인의 대리인이 판단 하에 보증금을 반환할 것이오니 더 이상 업무에 착오 없으시기 바랍니다.

4. 소명자료 및 첨부서류

    (1) 임대차계약서   1통

                    ○○○○ 년 ○○ 월 ○○ 일

                              위 발신인 : ○ ○ ○ (인)

        수신인 ○ ○ ○ 귀하

(14) 내용증명서 - 급하다고 하면서 돈을 빌려간 후 갚지 않고 이제는 아예 휴대전화
　　　도 받지 않아 지급을 독촉하고 불이행시 가차 없이 법적조치 예고
　　　하는 내용증명서 최신서식

내 용 증 명 서

발 신 인 : ○　○　○

수 신 인 : ○　○　○

수신인(채무자) ○　　○　　○ 귀하

내 용 증 명 서

1. 발신인

성명	○ ○ ○	주민등록번호	생략
주소	경기도 고양시 ○○구 ○○로 ○○길 ○○, ○○○호		
직업	상업	사무실 주 소	생략
전화	(휴대폰) 010 - 7770 - 0000		
기타사항	이 사건 발신인 겸 채권자입니다.		

2. 수신인

성명	○ ○ ○	주민등록번호	생략
주소	경기도 파주시 ○○로 ○○길 ○○, ○○○-○○○호		
직업	상업	사무실 주 소	생략
전화	(휴대폰) 010 - 0123 - 0000		
기타사항	이 사건 수신인 겸 채무자입니다.		

3. 내용증명의 요지

(1) 발신인은 수신인의 가정에 평안하심을 기원합니다.

(2) 수신인께서 ○○○○. ○○. ○○.수신인의 딸 ○○○(당시 여중생)이가 허리를 다쳐 경기도 고양시 ○○구 ○○로 소재 모병원에 입원을 하였는데 병원비로 ○,○○○만 원만 급히 빌려주면 월 이자는 2부로 계산하여 ○○○○. ○○. ○○.까지는 꼭 원금과 이자를 모두 변제하겠다고 해서 사정이 딱해 돈을 빌려주었습니다.

(3) 수신인은 지금까지 아무런 변제의사를 밝히지 않을 뿐만 아니라 작금에 이르러 아예 휴대폰을 고의적으로 받지 않고 있으므로 발신인으로서는 가차 없이 수신인의 재산에 법적조치를 취할 수밖에 없음을 도의상 먼저 행해를 구하고자 통보해 드리는 바입니다.

(4) 추호도 나중에 발신인을 원망하는 일 없었으면 하는 마음 간절합니다.

4. 소명자료 및 첨부서류

　(1) 차용증　　　　　　　　　　　　　　　　　　　　　　　　　1통

ㅇㅇㅇㅇ 년 ㅇㅇ 월 ㅇㅇ 일

위 발신인 : ○　○　○　(인)

수신인(채무자) ○　○　○ 귀하

(15) 내용증명서 - 묵시적 갱신을 이유로 하여 부당하게 명도를 요구하는 것에 즉각
적으로 대응하여 명도를 거절하는 반박항변 취지의 내용증명서 최
신서식

내 용 증 명 서

발 신 인 : ○ ○ ○

수 신 인 : ○ ○ ○

수신인 ○ ○ ○ 귀중

내 용 증 명 서

1. 발신인

성명	○ ○ ○	주민등록번호	생략
주소	경기도 고양시 ○○구 ○○로 ○○길 ○○, ○○○호		
직업	상업	사무실 주　소	생략
전화	(휴대폰) 010 - 7770 - 0000		
기타사항	이 사건 발신인 겸 채권자입니다.		

2. 수신인

성명	○ ○ ○	주민등록번호	생략
주소	경기도 파주시 ○○로 ○○길 ○○, ○○○-○○○호		
직업	상업	사무실 주　소	생략
전화	(휴대폰) 010 - 0123 - 0000		
기타사항	이 사건 수신인 겸 채무자입니다.		

3. 내용증명의 요지

(1) 수신인의 ○○○○. ○○. ○○. 내용증명의 요지

　가. 수신인은 ① 수신인과 발신인간에 ○○○○. ○○. ○○.체결된 본건 전세계약의 전세금 150,000,000원 중 잔금 10,000,000원이 ○○○○. ○○. ○○.까지 수신인의 농협계좌에 입금되기로 되어 있었는데, 발신인이 본건 전세계약 만료시점 ○○○○. ○○. ○○.까지 이를 지급하지 않은 점, ② 수신인과 발신인은 본건 전세계약체결 당시 공인중개사의 입회하에 계약기간 1년 도과 시 전세금을 1,000만원 증액하자고 구두로 합의하였는데, 발신인이 본건 전세계약 만료시점까지 이를 증액·지급하지 않은 점, ③ 이러한 발신인의 계약 위반의 점이 계약해제 사유가 된다는 점 등을 주장하면서, 발신인에게 ○○○○. ○○. ○○.시한으로 본건 주택의 명도를 구하고 있습니다.

　나. 그러나 이와 같이 수신인이 종전 내용증명에 기재한 사실관계 및 그에 대한 법적 평가는, 후술하는 이유에서 전혀 타당하지 않다 할 것입니다.

(2) 묵시적 합의에 의한 지급 면제

　가. 수신인은 발신인이 수신인에 대하여 당초 본건 전세계약서에 명기된 전세금 잔금 1,000만원을 지급하지 않은 것을 두고, 이제 와서 계약해제의 사유로 삼으려 하고 있습니다. 그러나 원래 본건 전세계약은 전세금으로 ○○○○만원이 상정되었다가, 수신인의 요청에 따라 추가로 금 1,000만원이 기입된 것이며, 이러한 사정은 본건 전세계약서 문면에도 잘 나타나 있습니다.

　나. 본건 전세계약서상 전세금 잔금 1,000만원이 ○○○○. ○○. ○○.까지 수신인에게 지급되도록 기재되어 있음에도, 발신인이 수신인에게 이를 지급하지 않은 것은 사실입니다. 그러나 수신인은 본래 임대인으로서 임차인인 발신인이 임차목적물인 본건 주택을 그 목적 및 용도에 좇아 사

용·수익할 수 있도록 적절한 조치를 취할 의무가 있고, 그와 같은 의무 중에는 발신인의 주거 생활에 있어 범죄에 대한 최소한의 보안 및 안전이 보장될 수 있도록, 방범창 등 최소한의 방범시설을 설치해 주어야 할 의무가 당연히 포함된다 할 것입니다.

다. 그런데 수신인은 이러한 임대인으로서의 의무를 저버린 채, 발신인의 거듭된 요청에도 불구하고 방범창의 설치를 끝까지 이행하지 않았습니다. 따라서 수신인 측에도 이미 임대인으로서의 계약상 의무를 불이행한 점이 엄연히 존재한다 할 것입니다.

라. 한편, 수신인은 발신인이 전세금 잔금 1,000만원을 계약서상 명기한 날짜까지 지급하지 않았음에도, 본건 전세계약이 종료한 시점인 ○○○○. ○○. ○○.까지는 물론, 최근까지도 전세금 잔금 1,000만원에 대하여 따로 그 지급의 이행을 독촉한 바가 전혀 없었습니다.

즉, 수신인과 발신인은 전세금 잔금 1,000만원의 미지급에도 불구하고 서로 간에 이에 대한 청구나 독촉의 사실이 전혀 없었고, 수신인으로서도 당초 전세계약상 전세금이 ○○○○만원으로 상정되었다가 추가로 금 1,000만원이 기입되었던 것에 불과하기 때문에 달리 전세금 잔금에 미련이 없었던 것으로 보입니다. 이러한 계약 체결 경위 및 그 동안의 기간 경과 상황에 비추어 볼 때 이미 수신인은 발신인에 대하여 전세금 잔금 1,000만원의 지급을 암묵적으로 면제하였다고 봄이 상당합니다.

마. 그렇다면, 수신인은 이미 발신인과의 묵시적 합의에 따라, 발신인에게 전세금 잔금 1,000만원의 지급을 면제한 것으로 볼 것인바, 발신인이 본건 전세계약에 있어 전세금 잔금의 지급과 관련하여 의무를 불이행하였다고 볼 수는 없습니다. 따라서 발신인의 전세금 잔금 지급 의무 불이행을 전제로 한 수신인의 주장은 부당하다 할 것입니다.

(3) 전세금 증액에 관한 구두합의의 부존재

가. 수신인은 본건 전세계약 체결 당시부터 이미 전세금 증액에 관한 구두합의가 있었다는 취지로 주장하고 있습니다. 그리고 당시 공인중개사가 입회하였음을 강조하면서, 본건 사안이 소송으로 비화될 경우 마치 해당 공인중개사를 증인으로라도 내세울 것 마냥 주장하고 있습니다.

나. 그러나 발신인은 수신인이 주장하는 그와 같은 전세금 증액의 합의를 전혀 인정할 수 없습니다. 즉, 본건 전세계약 체결 당시 수신인과 발신인 간에는 전세금 증액의 합의가 이루어진 사실이 전혀 없었습니다. 수신인이 내심 본건 전세계약 중간에라도 전세금이 증액되기를 희망하였는지는 모르겠으나, 그것은 수신인의 일방적인 의사에 불과할 뿐입니다. 발신인도 주지하다시피 계약의 성립이란 양 당사자의 객관적, 주관적 계약의사가 합치되었을 때에만 인정되는 것인바, 이러한 의미에서 전세금 증액의 합의가 있었다는 수신인의 주장은 천부당만부당합니다.

다. 더욱이 수신인의 주장에 의하면 본건 전세계약 체결시점에 그와 같은 구두합의가 있었다는 것인데, 전세금 증액에 관하여 서로 합의가 성립되었다고 할 정도로 수신인과 발신인 간에 그 의사가 합치되었었다면, 당시에 본건 전세계약서에 이를 특약조항 등으로 기재하였어야 마땅할 것이며, 그와 같이 중요한 사항을 단지 구두 합의로 체결하였다는 것은 그 자체로 경험칙에 현저히 반하는 주장입니다. 본건 전세계약서상에는 그와 같은 전세금 증액에 관하여 단 한 글자도 기재된 바 없습니다. 이러한 사정은 수신인의 주장과 달리 실제로는 수신인과 발신인 간에 전세금 증액에 관한 합의가 전혀 존재하지 않았고, 설사 전세금 증액에 관하여 일부 이야기가 서로 오간 것이 있다 하더라도 이것은 법적 구속력을 인정할 수 없는 사담(私談)에 불과함을 반증한다 할 것입니다. 또한 실제로 그와 같은 전세금 증액의 합의가 있었다면, 수신인이 계약기간이 1년이 경과한 이후에 최소한 내용증명으로라도 발신인에게 전세금 증액의 요구를 하였어야 이치에 맞는데, 실제로 그와 같은 청구가 전혀 없었습니다.

라. 따라서 전세금 증액에 관한 유효한 합의의 성립을 전제로 한 수신인의 주장은 매우 부당하다 할 것입니다. 그럼에도 불구하고 수신인은 해당 공인중개사를 회유하는 등의 방법으로 동인을 증인으로 내세워 전세금 증액 합의의 주장을 고집할지 모르나, 계약 성립의 인정은 특정 증인의 일방적 증언에 좌지우지되는 것이 아니라, 문제가 되는 계약체결 경위 및 기타 제반사정을 토대로 사회통념에 따라 법원이 판단하는 것인바, 상술한 사정에 비추어 수신인이 주장하는 전세금 증액의 합의가 인정될 가능성은 전무하다 할 것입니다.

(4) 전세계약의 묵시적 갱신

가. 주택임대차보호법 제6조 제1항은"임대인이 임대차기간 만료 전 6월부터 1월까지에 임차인에 대하여 갱신거절의 통지 또는 조건을 변경하지 아니하면 갱신하지 아니한다는 뜻의 통지를 하지 아니한 경우에는 그 기간이 만료된 때에 전임대차와 동일한 조건으로 다시 임대차한 것으로 본다."라고 규정하고 있습니다. 또한 동법 제4조 제1항은"기간의 정함이 없거나 기간을 2년 미만으로 정한 임대차는 그 기간을 2년으로 본다." 라고 규정하고 있습니다.

나. 그런데 수신인은 본건 전세계약 만료시점인 ○○○○. ○○. ○○.이 다 지날 때까지 발신인에게 갱신거절 또는 계약조건 변경에 관한 통지를 한 사실이 전혀 없고, 발신인에게 달리 묵시적 갱신 적용 배제 사유도 존재하지 않는바, 수신인과 발신인 간의 본건 전세계약은 ○○○○. ○○. ○○.부터 2년간 종전 전세계약과 동일한 조건으로 묵시적 갱신되었다 할 것입니다.

다. 따라서 발신인은 본건 전세계약이 묵시적으로 갱신된 이상, ○○○○. ○○. ○○.부터 2년간 본건 주택을 점유할 권원(임차권)을 가진다 할 것인바, 수신인의 명도 청구는 전혀 타당하지 않습니다.

(5) 신의칙에 반하는 귀하의 주장

가. ① 당사자가 소송상 또는 소송 외에서 일정한 태도를 취하고, 후에 이것과 모순된 소송상 행위를 하고(행위모순), ② 상대방이 선행적 태도를 신뢰하고 그것에 따라 이미 자기의 법적 지위를 결정하였으며(상대방의 신뢰), ③ 모순된 후행행위의 효력을 그대로 인정하는 경우에는 선행행위를 신뢰한 상대방의 이익을 부당하게 해하는 결과가 발생할 경우(상대방의 불이익), 그와 같은 모순된 거동을 행한 당사자의 권리 행사는 허용되지 않는다 할 것입니다. 판례도 "당사자 일방이 과거에 일정 방향의 태도를 취하여 상대방이 이를 신뢰하고 자기의 소송상의 지위를 구축하였는데, 그 신뢰를 저버리고 종전의 태도와 지극히 모순되는 소송행위를 하는 것은 신의법칙상 허용되지 않는다"는 취지로 판시하고 있습니다. (대법원 1995 .1.24. 선고 93다258 판결 등 참조)

나. 그런데 수신인은 본건 전세계약 만료시점은 물론, 최근까지도 발신인에 대하여 전세금 잔금의 지급을 독촉한 바가 없었고, 본건 전세계약은 묵시적으로 갱신되기까지 하였습니다. 그렇다면 수신인은 이와 같은 종전 태도와 지극히 모순되게도, 최근 전세대란 등 전세금의 폭등 사태에 편승하여, 이제 와서야 전세금 잔금의 미지급을 이유로(갱신된) 본건 전세계약의 해제 및 본건 주택의 명도를 구하고 있는 것입니다.

다. 발신인은 이미 수신인이 그 동안 달리 전세금 잔금을 청구하지 않은 것으로 인하여, 암묵적으로 전세금 잔금의 지급의무를 면제받은 것으로 신뢰하면서, 본건 주택에서 주거생활을 계속 영위하여 온 것인데, 수신인의 이러한 모순된 주장 및 행태로 인하여 그 법률상 지위에 현저한 불안감마저 느끼고 있는 실정입니다.

라. 이미 수신인은 전세금 잔금에 관하여 상술한 바와 같이 발신인에게 그 지급을 암묵적으로 면제하였다 할 것입니다. 설사 수신인의 종전 행태를 전세금 잔금의 지급 면제로까지 보기는 어렵다 하더라도, 수신인의 주장은 결국 신의칙에 반하는 부당한 청구로서 허용될 수 없다 할 것입니다.

(6) 묵시적 갱신의 취지에 반하는 수신인의 주장

상술한 바와 같이, 이미 본건 전세계약은 묵시적으로 갱신되었다 할 것인데, 수신인의 주장자체에 의하더라도 수신인은 갱신 전의 의무 불이행 상황을 가지고 갱신 후 계약의 해제를 주장하고 있는 것입니다.

그런데 묵시적으로 갱신된 계약은 갱신 전의 계약과 계약 조건이 동일하지만 엄연한 별개의 계약이라 할 것이고, 당사자가 법(또는 합의)에서 정한 기간 동안에 갱신 거절 의사를 표시하지 않음으로써 서로 상대방에게 계약 존속에 관한 신뢰를 부여하고 계약을 갱신시킨 이상, 갱신 전 계약의 의무 불이행 등 사유를 들어 다시 계약의 해지를 구하는 것은 묵시적 갱신 제도의 취지에도 반한다 할 것입니다.

(7) 기타 이행지체를 이유로 한 계약해제 가부에 관하여

가. 백번을 양보하여 수신인의 그 동안의 전세금 잔금에 대한 권리 불 행사에도 불구하고 발신인의 전세금 잔금 지급 의무가 소멸되지 않았고, 묵시적으로 갱신된 전세계약도 갱신 전 전세계약과 동일한 조건을 유지하기 때문에, 발신인이 현재에도 갱신 전 조건에 따라 전세금 잔금 1,000만원의 지급 의무를 부담한다 하더라도, 수신인의 계약 해제 주장 등은 여전히 타당하지 않습니다.

나. 결국 수신인의 계약 해제 주장이란 것도 일종의 이행지체를 이유로 한 해제라 할 것인데, 달리 특약이 없는 한 이에 관하여는 민법이 적용될 것입니다. 즉, 민법 제544조는 "당사자일방이 그 채무를 이행하지 아니하는 때에는 상대방은 상당한 기간을 정하여 그 이행을 최고하고 그 기간 내에 이행하지 아니한 때에는 계약을 해제할 수 있다"고 규정하고 있습니다.

다. 즉, 이행지체가 있었다고 하여 곧바로 계약이 해제되는 것이 아니라, 상당기간을 정하여 계약의 이행을 적법하게 최고한 후 그 기간 동안에도 계약상 의무가 이행되지 않았을 때 비로소 해제권이 발생한다 할 것입니다. 본건 전세계약 제7조도 "임대인 또는 임차인에게 본 계약상의 채

무불이행이 있었을 경우에는 그 상대방은 불이행을 한 자에 대하여 서면으로 이행을 최고하고 계약을 해제할 수 있다"라고 규정하고 있습니다. 즉, 본건 전세계약은 이행 최고의 요건을 구두 최고가 아닌 서면 최고로 정함으로써, 오히려 민법 조항보다 최고의 요건을 더 엄격하게 규정하고 있는 것입니다.

라. 따라서 설사 발신인에게 전세금 잔금 지급에 대한 채무불이행이 인정된다손 치더라도, 수신인이 이를 이유로 곧장 계약을 해제할 수는 없고, 민법 제544조 및 본건 전세계약 제7조에 따라 먼저 발신인에게 상당한 이행 기간을 정하여 그 이행을 서면으로 최고한 후, 그럼에도 불구하고 발신인이 이를 이행하지 않을 때 비로소 계약을 해제할 수 있는 것입니다.

마. 그런데 수신인은 우선 발신인에 대하여 전혀 적법한 이행의 최고를 하지 않고 있습니다. 수신인은 이미 해제권이 발생되었음을 전제로, 발신인에게 전세금 잔금의 지급을 전혀 촉구하지 않고 있고 오로지 빨리 본건 주택을 명도할 것만을 구하고 있습니다. 적법한 이행 최고가 없는 이상 계약 해제는 인정될 수 없습니다.

바. 또한 발신인은 수신인이 적법한 이행 최고를 하지 않았음에도 불구하고, 수신인의 내용증명을 받은 때 ○○○○. ○○. ○○.로부터 2일 후인 ○○○○. ○○. ○○. 수신인에게 전세금 잔금을 지급하였습니다. 따라서 수신인의 종전 내용증명이 설사 적법한 이행 최고라 하더라도, 발신인은 그 최고를 받은 때로부터 상당 기간 내에 채무를 이행하여 이행지체 상태를 해소시켰는바, 수신인에게는 계약 해제권이 발생할 수 없는 것입니다.

사. 따라서 이행지체 등을 이유로 한 수신인의 계약 해제는 더 나아가 살필 필요 없이 이유 없다 할 것입니다. 덧붙여, 발신인이 수신인에게 전세금 잔금을 지급하였다고 하여 수신인의 주장을 인정하는 것이 아니며, 다만 수신인이 전세금 잔금 미지급을 빌미로 계속계약 해제 운운하는 것을 봉쇄하기 위하여 이를 지급하였을 뿐이므로 불필요한 오해를 삼가시기 바랍니다.

(8) 결론

그렇다면, 이상과 같은 사정에 비추어 볼 때, 수신인의 종전 내용증명상 주장은 합리적 이유를 결여하였다 할 것이고, 발신인은 수신인에 대하여 본건 주택을 명도하여야 할 하등의 이유가 없다 할 것입니다.

그럼에도 불구하고 수신인이 명도소송 제기 등으로 본건을 소송으로 비화시킬 경우, 소송비용 패소자 부담의 원칙에 따라 수신인께서는 수신인의 소송비용은 물론, 발신인이 수신인의 부당한 청구에 방어하고자 소비한 소송비용(변호사 비용 포함)까지 부담하시게 될 것입니다.

따라서 승소가능성이 없는 부당한 소송의 제기로 수신인의 귀한 시간과 비용, 정력을 낭비하시는 일이 없기를 당부 드립니다.

4. 소명자료 및 첨부서류

   (1) 임대차계약서   1통

○○○○ 년 ○○ 월 ○○ 일

위 발신인 : ○ ○ ○ (인)

수신인 ○   ○   ○ 귀하

(16) 내용증명서 - 전세보증금을 반환하지 않고 임차인에게 오히려 세놓고 보증금을
빼가라며 배짱을 부리고 있어 가차 없이 법적조치를 취하겠다는
통보서 내용증명서 최신서식

내 용 증 명 서

발 신 인 : ○ ○ ○

수 신 인 : ○ ○ ○

수신인(임대인) ○ ○ ○ 귀중

내 용 증 명 서

1. 발신인

성명	○ ○ ○		주민등록번호	생략
주소	천안시 ○○구 ○○로 ○길 ○○, ○○○-○○○호			
직업	상업	사무실 주 소	생략	
전화	(휴대폰) 010 - 1230 - 0000			
기타사항	이 사건 채권자 겸 임차인입니다.			

2. 수신인

성명	○ ○ ○		주민등록번호	생략
주소	천안시 ○○구 ○○로○○길 ○○, ○○○호			
직업	임대업	사무실 주 소	생략	
전화	(휴대폰) 010 - 7768 - 0000			
기타사항	이 사건 채무자 겸 임대인입니다.			

3. 내용증명의 요지

(1) 발신인은 수신인의 가정에 평안하심을 진심으로 기원합니다.

(2) 다름이 아니오라 발신인은 수신인의 소유인 천안시 ○○구 ○○로 ○○-○○ ○○호에 대하여 전세기간을 연장할 의사가 없어 계약만기 2개월 전부터 수신인에게 내용증명우편으로 통보하고 위 아파트를 중개사사무실에 내놓았으나 입주할 임차인이 쉽게 나서지 않고 있는 상황이 벌써 수개월이 지나고 있는데 발신인은 큰일 났습니다.

(3) 그래서 발신인은 수신인에게 전세보증금을 지급할 것을 요구한바 있으나 이미 전세기간이 종료되었음에도 불구하고 전세보증금을 반환할 생각은 하지 않고 있어 이에 발신인이 구두 상으로 수차에 걸쳐 반환을 요구하였으나, 수신인은 전혀 반환할 의사가 없는 관계로 발신인은 본 내용증명서를 통하여 마지막으로 전세보증금을 반환할 것을 요구하오니 수신인께서는 ○○○○. ○○. ○○.까지 위 전세보증금 195,000,000원을 반환하여주실 것을 독촉하는 바입니다.

(4) 혹 발신인의 요구에도 아무런 이유 없이 지체할 경우 발신인은 수신인을 상대로 가차 없이 법적조치를 취할 생각이며 이에 따른 제반 소송비용 또한 모두 수신인에게 청구할 것이오니 부디 불미스러운 일이 생기지 않도록 꼭 보증금을 반환해 주시기 바랍니다.

4. 소명자료 및 첨부서류

(1) 임대차계약서   1통

○○○○ 년 ○○ 월 ○○ 일

위 발신인(임차인) : ○ ○ ○   (인)

수신인(임대인) ○ ○ ○ 귀중

(17) 내용증명서 - 상대방이 내용증명으로 억지주장을 한 부분에 대하여 구체적으로
반박하고 오히려 가차 없이 법적조치를 취하겠다는 취지의 내용증
명서 최신서식

내 용 증 명 서

발 신 인 : ○ ○ ○

수 신 인 : ○ ○ ○

수신인 ○ ○ ○ 귀중

내 용 증 명 서

1. 발신인

성명	○ ○ ○		주민등록번호	생략
주소	강원도 원주시 ○○로 ○길 ○○, ○○○-○○○호			
직업	개인사업	사무실 주 소	생략	
전화	(휴대폰) 010 - 1230 - 0000			
기타사항	이 사건 발신인입니다.			

2. 수신인

성명	○ ○ ○		주민등록번호	생략
주소	강원도 원주시 ○○구 ○○로○○길 ○○, ○○○호			
직업	상업	사무실 주 소	생략	
전화	(휴대폰) 010 - 7768 - 0000			
기타사항	이 사건 수신인입니다.			

3. 내용증명의 취지

발신인이 수신인에게 발송한 ○○○○. ○○. ○○.자 내용증명 통고서에 대한 답변이오니 아래의 내용과 첨부한 증빙자료를 참고하시고 더 이상 업무에 착오 없으시기 바랍니다.

4. 내용증명의 요지

(1) 통고서에 의하면 발신인의 가족인 ○○○ · ○○○ · ○○○의 명의로 주식회사 아름다운마을에서 상당한 금액이 이체되어 빠져 나갔으니 무슨 용도로 송금한 것인지 해명을 요구하는 사항으로서

(2) 주식회사 아름다운마을은 작고하신 발신인의 망부 ○○○가 설립하여 가족들이 1인 주주체제로 경영하였던 것인데 발신인으로서는 앞서 운영하던 개인사업체가 부도나는 바람에 회사를 운영할 수 없는 입장에서 사위 ○○○ 등에게 대리경영으로 운영하면서 회사사정이 어려워 어쩔 수 없이 가족들로 하여금 별지 첨부한 증빙자료와 같이 회사를 위해 돈을 빌려 회사에서 사용하고 회사에서 돈이 들어오면 다시 이를 변제하는 방법으로 운영해 왔던 것이지 결코 회사 돈을 횡령한 사실 없습니다.

(3) 발신인의 가족인 ○○○이 ○○○○. ○○. ○○.부터 ○○○○. ○○. ○○.까지 회사가 돈을 빌린 것은 총 금 ○○,○○○,○○○원이고, 같은 ○○○이 ○○○○. ○○. ○○.부터 ○○○○. ○○. ○○.까지 회사가 돈을 빌렸고, 같은 ○○○이 회사로 ○○○○. ○○. ○○.부터 ○○○○. ○○. ○○.까지 얼마를 빌려주었는데

(4) 회사에서 위 ○○○에게 변제한 금액이 ○○○○. ○○. ○○.부터 ○○○○. ○○. ○○.까지 금 ○○,○○○,○○○원을 변제하였고, 같은 ○○○에게 ○○,○○○,○○○원을 변제하였고, 같은 ○○○에게 ○○,○○○,○○○원을 변제하여

(5) ○○○○. ○○. ○○.까지 주식회사 아름다운마을에서 위 ○○○·○○○·○○
○에게 변제하지 못하고 있는 돈이 ○○,○○○,○○○원입니다.

(6) 그래서 발신인은 조만간 가족들의 명의로 주식회사 아름다운마을에 돈을 빌
려주고 돌려받지 못하고 있는 위 금액은 ○○,○○○,○○○원인데 주식회사
아름다운마을을 상대로 대여금청구소송을 제기할 생각입니다.

(7) 위에 대한 증빙자료를 순서대로 나열하여 첨부하였으니 참고하시기 바랍니다.

감사합니다.

4. 소명자료 및 첨부서류

(1) 계좌송금 또는 이체내역서   1통

○○○○ 년 ○○ 월 ○○ 일

위 발신인(임차인) : ○ ○ ○ (인)

수신인 ○ ○ ○ 귀하

(18) 내용증명서 - 매도자의 일방적인 계약취소에 대한 억지주장에 대하여 매수인이
    매도인의 터무니없는 주장을 배척하는 취지의 내용증명서 최신서식

내 용 증 명 서

발 신 인 : ○ ○ ○

수 신 인 : ○ ○ ○

수신인(매도자) ○ ○ ○ 귀중

내 용 증 명 서

1. 발신인

성명	○ ○ ○	주민등록번호	생략
주소	전주시 ○○구 ○○로 ○길 ○○, ○○○-○○○호		
직업	상업	사무실 주 소	생략
전화	(휴대폰) 010 - 1230 - 0000		
기타사항	이 사건 채권자 겸 매수인입니다.		

2. 수신인

성명	○ ○ ○	주민등록번호	생략
주소	전주시 ○○구 ○○로○○길 ○○, ○○○호		
직업	상업	사무실 주 소	생략
전화	(휴대폰) 010 - 7768 - 0000		
기타사항	이 사건 채무자 겸 매도자입니다.		

3. 내용증명의 요지

(1) 수신인의 협조에 감사드리며, 발신인은 우선 수신인의 발전을 기원합니다.

(2) 수신인은 ○○○○. ○○. ○○. 내용증명을 통하여 ① 수신인이 이 사건 부동산 매매대금을 ○억 원으로 정하여 부동산에 매매중개를 의뢰하였기에 이 사건 부동산을 발신인에게 금 ○억 ○○○만원에 매매한 사실이 없는 점, ② 수신인이 이 사건 부동산을 ○○○○. ○○.경 금 ○억 원에 매수하여 금 ○억 원의 비용을 들여 리모델링까지 한 점, ③ 수신인이 ○○○○. ○○. ○○. 발신인에게 대하여 매매계약의 취소를 통지하고 기히 지급된 계약금 ○,○○○만원의 반환을 수령하여 갈 것을 통지하였으나 발신인이 이를 거절하고 있는 점 등을 주장하고 있습니다.

(3) 그러나 첨부한 영수증 기재내용과 같이 귀하는 ○○○○. ○○. ○○. 발신인에게 이 사건 부동산을 금 ○억 ○○○만원에 매매하기로 하면서,"일금 : ○,○○○만 원정 상기 금액을 매매대금 ○억 ○○○만원 중 일부 ○,○○○만원을 계약금으로 정히 영수함"이라고 표시된 영수증에 자필로 서명날인까지 마친 뒤 실제로 이에 따라 발신인으로부터 계약금 ○,○○○만원을 수령하였는바, 이를 통하여 이미 이 사건 부동산에 관한 매매계약은 유효하게 체결되었다고 볼 수밖에 없으며, 매매계약이 성립되지 않았다는 수신인의 주장에는 아무런 근거가 없습니다.

(4) 수신인은 자신이 부동산에 의뢰한 이 사건 부동산 매매가액이 ○억 원이었고 당초 귀수신인 이 사건 부동산을 매수하고 리모델링을 하면서 금 ○억 원 상당의 지출을 하였다고 주장하나, 이를 뒷받침할 근거도 없고, 설령 그것이 사실이라 하더라도, 이는 수신인의 내부적 사정에 불과한 것이며, 수신인이 현장에 동석하여 매매대금 ○억 ○○○만원의 내용을 확인하고 위 영수증에까지 서명, 날인한 이상 ○억 ○○○만원을 매매대금으로 하는 이 사건 부동산의 매매계약의 성립에 하등의 영향을 미칠 수 없습니다.

(5) 또 수신인은 이 사건 부동산 매매계약의 취소를 주장하나, 그러한 취소권을 행사할 수 있는 근거가 무엇인지에 관하여는 일절 밝히지 못하고 있으며, 설령 수신인의 계약취소 주장을 선해(善解)하여 착오에 의한 계약취소로 풀이한다 하더라도, 수신인이 직접 위 영수증의 내용을 확인하고 서명, 날인까지 마친 상황에서 이 사건 부동산에 관한 매매대금 액수를 착오하였다는 것은 경험칙 상 도저히 납득할 수 없는 주장에 불과하고, 실제로는 수신인이 이 사건 부동산에 관한 매매계약 체결 이후 변심하여 위 매매대금액 ○억 ○○○만원에 불만을 품은 것으로밖에는 볼 수 없으므로, 착오 취소의 요건을 갖추지 못하였다 할 것입니다.

설령 백 번을 양보하여 수신인의 매매대금에 관하여 착오를 일으켰던 것이 맞는다고 치더라도, 착오 취소에 관한 근거규정인 민법 제109조 제1항은"의사표시는 법률행위의 내용의 중요부분에 착오가 있는 때에는 취소할 수 있다. 그러나 그 착오가 표의자의 중대한 과실로 인한 때에는 취소하지 못한다."고 규정하여 표의자(表意者)에게 중대한 과실이 있는 경우에는 착오 취소권을 배제하고 있는바, 수신인의 경우 위 영수증상의 매매대액을 확인하고도 서명을 하였으므로, 중대한 과실을 부정할 수 없기에 결국 착오에 의한 취소권이 없다 하겠습니다.

(6) 이상의 사정을 종합할 때, 수신인이 주장하는 이 사건 부동산에 관한 매매계약의 불성립 또는 취소 주장은 전혀 이유 없다 할 것입니다.

결국 수신인으로서는 이 사건 부동산에 관한 매매계약 내용에 따라 매수인인 발신인에 대하여 이 사건 부동산에 관한 소유권이전등기 의무를 이행하거나, 아니면 위 계약금의 배액에 해당되는 금 ○,○○○○만원을 해약금으로서 지급하고 위 계약의 구속력으로부터 벗어나는 것 외에는 달리 선택의 여지가 없습니다.

수신인은 부동산 사무실을 통하여 하루 만에 해약금의 손실을 입는 것이 억울하다는 취지로 호소하였다고도 하나, 이 사건 부동산에 관한 매매계약이 유효하게 체결된 이상'계약은 반드시 지켜져야 한다'는 법언에 따라 수신인으로서는 그에 따른 책임을 지는 것이 합당하며, 매수인인 발신인의 입장에서도 이 사건 매매계약의 이행에 따라 얻을 수 있는 이익을 수신인의 변심으로 인하여 포기할 수밖에 없는 손실을 입고 있습니다.

(7) 만약, 수신인이 이러한 발신인의 경고에도 불구하고 계속하여 일방적인 주장만 고집한다면, 매수인인 발신인으로서는 가차 없이 법적조치를 취할 수밖에 없다 할 것인바, 이 경우 수신인으로서는 해약금 ○,○○○만원의 반환 외에도, 그 반환이 지연됨에 따른 지연손해금(해약일시로부터 소장부본 송달 일까지는 민법 소정 연 5%의, 그 다음날부터 완제일가지는 소송촉진등에관한특례법 소정 연 20%의 비율에 의합니다), 소송비용액(패소자 부담원칙에 따라 수신인으로서는 소가 ○,○○○만원 상당의 소송규모에 따른 소송비용을 지급하여야 합니다.

(8) 발신인은 수신인의 현명한 답변을 ○○○○. ○○. ○○.까지 기다리겠습니다.

4. 소명자료 및 첨부서류

    (1) 매매계약서   1통

    (2) 사실확인서   1통

    (3) 거래대금내역서   1통

○○○○ 년 ○○ 월 ○○ 일

위 발신인(임차인) : ○　○　○　(인)

수신인(매도자) ○ ○ ○ 귀하

(19) 내용증명서 - 구입한 물건에 대한 수량이 부족하여 그 대금을 감액하여 그만큼
더 받은 물품대금을 반환하라는 취지의 내용증명서 최신서식

내 용 증 명 서

발 신 인 : ○ ○ ○

수 신 인 : ○ ○ ○

수신인(매도자) ○ ○ ○ 귀중

내 용 증 명 서

1. 발신인

성명	○ ○ ○		주민등록번호	생략
주소	울산시 ○○구 ○○로 ○길 ○○, ○○○-○○○호			
직업	상업	사무실 주 소	생략	
전화	(휴대폰) 010 - 1230 - 0000			
기타사항	이 사건 매수자입니다.			

2. 수신인

성명	○ ○ ○		주민등록번호	생략
주소	울산시 ○○구 ○○로○○길 ○○, ○○○호			
직업	개인사업	사무실 주 소	생략	
전화	(휴대폰) 010 - 7768 - 0000			
기타사항	이 사건 매도자입니다.			

3. 내용증명의 요지

(1) 나날이 번영하심을 축원합니다.

(2) 다름이 아니오라 ○○○○. ○○. ○○. 발신인과 수신인이 체결한 매매계약
에서 발신인은 총 연수 ○○연이 있다고 하여 이를 믿고 수신인으로부터 사
들인 용지에 대하여,

(3) 매매계약당시 발신인은 수신인이 말씀하신대로 ○○연 있는 것으로 믿고 있
었습니다. 그런데 인도된 수량의 계산결과에 의하면 총 연수 ○○연에서 ○
연의 부족이 발견 되었습니다.

(4) 이는 수량을 수신인께서 말씀하신대로 매매한 것이고 또 발신인은 계약당시
에 그 부족함을 알지 못하였으므로 부족한 부분의 비율에 따른 대금
9,400,000원을 감액하여 주실 것을 청구합니다.

4. 소명자료 및 첨부서류

    (1) 매매계약서   1통

○○○○ 년 ○○ 월 ○○ 일

위 발신인(임차인) : ○ ○ ○ (인)

수신인(매도자) ○ ○ ○ 귀중

(20) 내용증명서 - 상대방 잘못을 구체적으로 꾸짖고 시정하지 않을 경우 가차 없이
법적조치를 취하겠다는 취지의 내용증명서 최신서식

내 용 증 명 서

발 신 인 : ○ ○ ○

수 신 인 : ○ ○ ○

수신인 ○ ○ ○ 귀하

내 용 증 명 서

1. 발신인

성명	○ ○ ○		주민등록번호	생략
주소	울산시 ○○구 ○○로 ○길 ○○, ○○○-○○○호			
직업	상업	사무실 주 소	생략	
전화	(휴대폰) 010 - 1230 - 0000			
기타사항	이 사건 대 주주입니다.			

2. 수신인

성명	○ ○ ○		주민등록번호	생략
주소	울산시 ○○구 ○○로○○길 ○○, ○○○호			
직업	상업	사무실 주 소	생략	
전화	(휴대폰) 010 - 7768 - 0000			
기타사항	이 사건 대표이사입니다.			

3. 내용증명의 요지

수신인은 다음의 내용을 참고하여 업무에 착오 없으시기 바랍니다.

4. 내용증명요지

(1) 발신인은 수신인이 ○○○○. ○○. ○○.개최하겠다는 임시주주총회 소집통지서를 송달받고 무엇인가 무지하여 착각하고 있는 것 같습니다.

○○○○의 주주 중, ○○○의 주식 ○,○○○주는 ○○○○의 실질적인 경영자 ○○○이 ○○○○. ○○. ○○. ○○○와 경영권참여계약서를 체결하고 ○○○○. ○○. ○○. 명의신탁계약에 의하여 명의신탁 된 것이므로 ○○○에게는 의결권이 없다는 사실을 알려드리니 업무에 착오 없기 바랍니다.

(2) ○○○○의 소유재산 등을 대표이사가 자금조달을 위하여 담보로 제공하면 그 처분과 제공에 관하여 주주총회나 이사회의 결의가 있었는지 여부와는 관계없이 횡령죄의 죄책을 면할 수는 없습니다.

(3) ○○○○의 증자업무를 담당한 자와 주식 인수인이 사전 공모하여 주금납입 취급은행 이외의 제3자로부터 납입금에 해당하는 금액을 차입하여 주금을 납입하고 납입취급은행으로부터 납입금보관증명서를 교부받아 회사의 증자등기절차를 마친 직후 이를 인출하여 위 차용금채무의 변제에 사용하는 경우, 위와 같은 행위는 실질적으로 회사의 자본을 증가시키는 것이 아니고 등기를 위하여 납입을 가장하는 편법에 불과하여 주금의 납입 및 인출의 전 과정에서 회사의 자본금에는 실제 아무런 변동이 없는 것이므로,

(4) 납입가장 죄는 회사의 자본충실을 기하려는 법의 취지를 유린하는 행위를 단속하려는 데 그 목적이 있는 것이므로, 당초부터 진실한 주금납입으로 회사의 자금을 확보할 의사 없이 형식상 또는 일시적으로 주금을 납입하고, 이 돈을 은행에 예치하여 납입의 외형만 갖추고, 주금납입증명서를 교부받아 증자등기의 절차를 마친 다음 바로 그 납입한 돈을 인출한 경우에는 회사의

자본이 늘어난 것이 아니어서 납입가장 죄 및 공정증서원본불실기재 죄와 불실기재공정증서원본행사 죄로 처벌받게 됩니다.

(5) 결국 견금 방식에 의한 가장납입에 있어서 상법상의 납입가장 죄와 함께 업무상횡령죄와 공정증서원본불실기재 및 동행사죄가 수신인이 행하고 있는 취지는 비슷하게 꼭 따라다니고 있으므로 발신인은 수신인이 반칙하지 않고 위법행위하지 않으며 진정 ○○○○를 위하는 것이라면 반대하지 않지만 반칙을 하고 위법행위를 자행할 때는 가차 없이 법적조치를 취할 생각이니 이 점 각별히 유의하기 바랍니다.

(6) 수사를 앞둔 시점에 수신인이 이렇게까지 하는 저의가 의심스러울 뿐이고 수사 단계에서 누구하나 잘못한 것이 있으면 우리 ○○○○의 앞날을 위하여 스스로 처벌을 달게 받으면 됩니다.

(7) 서로 책임을 전가하고 잘못이 없다면 왜 오늘날 ○○○○가 이 지경에까지 왔겠습니까. 분명 누군가는 잘못했고 ○○○○에 막대한 피해와 손해를 입힌 것은 사실입니다. 왜 잘못이 없고 탈법행위를 하지 않았는데 두려워 할 것이 뭐가 있고 진실과 타협하려고 할 이유도 없습니다.

(8) 아무쪼록 발신인은 거듭 수신인에게 당부할 것이 있다면 다 망가지고 회생가치가 없는 ○○○○를 위해 노력하려면 너무 늦었습니다. 조금 일찍 했으면 하는 아쉬움이 남습니다.

절대 반칙하지 마시고 욕심을 부리지 마시고 모르면 물어보고 절대 불법행위는 하지 말아야 합니다.

발신인이 넘어가주는 것이지 몰라서 넘어가는 것이 아니라는 사실 상기하길 바랍니다.

4. 소명자료 및 첨부서류

1. 임시주주총회소집통지서   1통

1. 참고자료   1통

○○○○ 년 ○○ 월 ○○ 일

위 발신인 : ○　○　○　(인)

수신인　○　○　○　귀하

◼ 편 저 대한법률콘텐츠연구회 ◼

(연구회 발행도서)

- 지급명령 이의신청서 답변서 작성방법
- 새로운 고소장 작성방법 고소하는 방법
- 민사소송 준비서면 작성방법
- 형사사건 탄원서 작성 방법
- 형사사건 양형자료 반성문 작성방법
- 공소장 공소사실 의견서 작성방법
- 불기소처분 고등법원 재정신청서 작성방법
- 불 송치 결정 이의신청서 재수사요청

계약해지·해제, 증거보존 등 내용증명서 작성방법, 보내는 법
의사표시 **내용증명서** 작성방법

2025년 4월 15일 인쇄
2025년 4월 20일 발행

편 저 대한법률콘텐츠연구회
발행인 김현호
발행처 법문북스
공급처 법률미디어

주소 서울 구로구 경인로 54길4(구로동 636-62)
전화 02)2636-2911~2, 팩스 02)2636-3012
홈페이지 www.lawb.co.kr

홈페이지 www.lawb.co.kr
페이스북 www.facebook.com/bummun3011
인스타그램 www.instagram.com/bummun3011
네이버 블로그 blog.naver.com/bubmunk

등록일자 1979년 8월 27일
등록번호 제5-22호

ISBN 979-11-94820-08-6 (13360)

정가 2,8000원